DIANÉTICA

LA EVOLUCIÓN DE UNA CIENCIA

D I A N É T I C A
LA EVOLUCIÓN DE UNA CIENCIA

L. RONALD HUBBARD

Bridge
Publications, Inc.

UNA
PUBLICACIÓN
HUBBARD®

BRIDGE PUBLICATIONS, INC.
4751 Fountain Avenue
Los Angeles, California 90029

ISBN 1-4031-1039-5

SPANISH EDITION

Impreso en Estados Unidos

DIANÉTICA:

DIANÉTICA QUIERE DECIR
"A TRAVÉS DE LA MENTE" O
"A TRAVÉS DEL PENSAMIENTO"
(DEL GRIEGO *DIA*, "A TRAVÉS"
Y *NOUS*, "MENTE" O "ALMA"). ES UN
SISTEMA DE AXIOMAS COORDINADOS
QUE RESUELVE PROBLEMAS
RELACIONADOS CON EL
COMPORTAMIENTO HUMANO Y LAS
ENFERMEDADES PSICOSOMÁTICAS.
CONLLEVA UNA TÉCNICA FUNCIONAL
QUE BORRA LAS SENSACIONES
INDESEADAS, LAS EMOCIONES
DESAGRADABLES, ETC. ES UN
MÉTODO PARA LOGRAR UNA
MAYOR CORDURA QUE ESTÁ
CONCIENZUDAMENTE
COMPROBADO.

Nota Importante

En LA LECTURA DE ESTE LIBRO, asegúrate de no continuar después de una palabra que no entiendas por completo.

La única razón por la que una persona abandona un estudio, se confunde o se vuelve incapaz de aprender, es debido a que continuó después de una palabra que no se comprendió.

La confusión o incapacidad para comprender o aprender viene DESPUÉS de una palabra que la persona no definió ni comprendió.

¿Has tenido alguna vez la experiencia de llegar al final de una página y darte cuenta de que no sabías qué acababas de leer? Bien, en algún punto anterior, en esa página, te pasaste una palabra para la cual no tenías definición o tenías una definición incorrecta.

Aquí hay un ejemplo. "Se encontró que al llegar el entrelubricán, los niños estaban más tranquilos, y que en ausencia de este, estaban mucho más animados". Mira lo que sucede. Piensas que no comprendes la idea general, pero la incapacidad para comprender vino totalmente de la única palabra que no pudiste definir, entrelubricán, que significa "luz atenuada que permanece justamente después de ponerse el sol".

Tal vez no sean sólo las palabras nuevas y poco usuales las que tenga que buscar. Con frecuencia se pueden tener definiciones incorrectas de algunas palabras que se usan comúnmente, y así, causar confusión.

Este dato acerca de no continuar después de una palabra sin definir es el hecho mas importante en todo el tema del estudio. Cada tema que hayas comenzado y abandonado, tiene palabras en él para las que no conseguiste la definición.

Por lo tanto, al estudiar este libro, asegúrate muy bien, asegúrate de no continuar después de una palabra que no entiendas por completo. Si el material se vuelve confuso o parece que no puedes captarlo por completo, habrá una palabra justo antes que no has comprendido. No sigas adelante, sino regresa hasta ANTES de que tuvieras dificultades, encuentra la palabra malentendida y defínela.

Notas a pie de página y definiciones

PARA AYUDARTE A COMPRENDER el material en este libro, las palabras que podrían malentenderse más fácilmente se han definido en notas a pie de página la primera vez que aparecen en el texto. Cada palabra así definida tiene un numerito a su derecha, y la definición aparece al final de la página, junto a su número correspondiente.

Las palabras tienen a veces varios significados, pero el texto de la nota a pie de página sólo da el significado que la palabra tiene en el texto. Las demás definiciones se pueden encontrar en un buen diccionario.

Al final del libro también se proporciona un glosario el cual incluye todas las definiciones de las notas a pie de página que hay en el texto. Al lado de cada definición de glosario encontrarás el capítulo en el que aparece y el número de la nota a pie de página para que puedas remitirte a ella si quieres.

DIANÉTICA:

LA EVOLUCIÓN DE UNA CIENCIA

ÍNDICE

INTRODUCCIÓN

Dianética: *La evolución de una ciencia* fue la primera publicación general de L. Ronald Hubbard para describir los sensacionales descubrimientos con los que desentrañó el tema de la mente humana.

Contiene un resumen, compendio y visión general de décadas de investigación sobre el hombre y la vida, así como detalles de descubrimientos, desarrollo, aplicación y resultados, según fueron apareciendo, dirigiéndose todo ello a lo que se convirtió en la primera tecnología eficaz y práctica sobre la mente que tiene el hombre.

Antes incluso de la publicación de esta obra, ya se propagaba desenfrenadamente la noticia de los descubrimientos de L. Ronald Hubbard. En 1948 había estado en amplia circulación una tesis que describía sus descubrimientos, y al comienzo de 1950 el rumor había alcanzado proporciones nacionales. Como representación del creciente entusiasmo el columnista Walter Winchell anunció que: "Algo nuevo llamado Dianética va a aparecer en abril. Una nueva ciencia que funciona con la invariabilidad de las ciencias físicas en el campo de la mente. Según todos los indicios, va a resultar algo tan revolucionario para la humanidad como el descubrimiento y la utilización del fuego por parte del hombre prehistórico".

El muy esperado *Dianética: La evolución de una ciencia* se publicó por vez primera como artículo, con la extensión de un libro, en una revista americana. Al cabo de unos días, el número de la revista estaba agotado, desencadenando una avalancha de más de 2.000 cartas de lectores en las primeras dos semanas. Esto preparó el camino para el manual definitivo de L. Ronald Hubbard sobre el tema: *Dianética: El poder del pensamiento sobre el cuerpo*. Publicado al mes siguiente, se convirtió en un bestséller nacional inmediato e imparable.

Según entramos en el siglo XXI, Dianética se ha convertido en un fenómeno mundial que aplican personas de toda extracción social en más de 50 idiomas y en 150 naciones.

En las páginas siguiente está la notable obra que hizo que todo comenzara: el relato del propio L. Ronald Hubbard sobre la evolución, desarrollo y aplicación de Dianética. Así es *cómo* comenzó todo, cómo funciona y *por qué* funciona.

Los editores

CAPÍTULO UNO

EL POTENCIAL
DE TU MENTE

C A P Í T U L O   U N O

EL POTENCIAL DE TU MENTE

La COMPUTADORA ÓPTIMA ES un tema que muchos de nosotros hemos estudiado. Si estuviéramos construyendo una, ¿cómo la diseñaríamos?

Primero: la máquina debería ser capaz de computar con exactitud perfecta cualquier problema en el universo y aportar respuestas que fueran siempre e invariablemente correctas.

Segundo: la computadora tendría que ser rápida, trabajar a mucha mayor velocidad que el problema, y el proceso debería poder expresarse verbalmente y con claridad.

Tercero: la computadora tendría que ser capaz de ocuparse simultáneamente de un gran número de variables y problemas.

Cuarto: la computadora tendría que ser capaz de evaluar sus propios datos, y no sólo debería quedar disponible en ella un registro de sus conclusiones anteriores, sino también las evaluaciones que llevaron a esas conclusiones.

Quinto: la computadora tendría que disponer de un banco[1] de memoria de capacidad casi infinita, en el cual pudiera almacenar datos de observaciones y conclusiones provisionales que pudieran ser útiles para computaciones futuras, y los datos del banco tendrían que estar disponibles para la porción analítica de la computadora en las menores fracciones de segundo posibles.

Sexto: la computadora tendría que ser capaz de reorganizar conclusiones anteriores, o alterarlas, a la luz de nuevas experiencias.

---

1. **banco:** almacenamiento de información, como en un ordenador, en que los datos se almacenaban antes en una pila de tarjetas que se llamaba banco.

Séptimo: la computadora no debería necesitar un director exterior de programación, sino que sería completamente autodeterminada en cuanto a su programación, guiada sólo por el grado de necesidad de la solución, el cual ella misma determinaría.

Octavo: la computadora debería proporcionarse mantenimiento a sí misma y autoprotegerse contra daños presentes y futuros, y podría valorar daños futuros.

Noveno: la computadora tendría que alimentarse con percepciones mediante las cuales pudiera determinar grados de necesidad. El equipo incluiría medios para ponerse en contacto con todas las características deseables del mundo finito; es decir, percepciones de visión en color, sonido con tono, olor, tacto y autopercepciones, ya que sin esto último no podría proporcionarse mantenimiento a sí misma adecuadamente.

Décimo: el banco de memoria debería almacenar las percepciones según las recibiera, de manera consecutiva según el tiempo de recepción, con las mínimas divisiones posibles de tiempo entre percepción y percepción. Almacenaría además con visión en color (en movimiento), sonido con tono (con continuidad), olor, tacto y autosensación, con todas estas percepciones coordinadas entre sí.

Undécimo: para obtener soluciones, tendría que ser capaz de crear nuevas situaciones e imaginar nuevas percepciones no recibidas hasta entonces, y debería poder concebirlas para sí en cuanto a sonido con tono, visión en color, olor, tacto y sensación de sí misma, y tendría que ser capaz de archivar lo que ha concebido de esta manera como recuerdos clasificados como *imaginados*.

Duodécimo: sus bancos de memoria no deberían agotarse al inspeccionarse, sino que deberían suministrar al perceptor central de la computadora, sin distorsión, copias perfectas de todos y cada uno de los elementos que hubiera en los bancos, con visión en color, sonido con tono, olor, tacto y sensaciones orgánicas.

Decimotercero: toda la máquina debería ser portátil.

Existen otras características deseables, pero las señaladas bastarán por el momento.

Quizás, al principio sea un tanto sorprendente concebir una computadora así. Pero es un hecho que esta máquina existe. Existen miles de millones de ellas en uso, y se han hecho y usado muchos miles de millones más en el pasado.

De hecho, tú tienes una. Porque nos estamos refiriendo a la mente humana.

Lo anterior es una generalización del cerebro óptimo. El cerebro óptimo, aparte de que no siempre es capaz de resolver todo problema del universo, básicamente funciona exactamente así. Debería tener recuerdo memorístico de visión en color (en movimiento), de sonido con tono (con continuidad), de olor, de tacto y orgánico. Y debería tener imaginación de visión en color (en movimiento), de sonido con tono (con continuidad), de olor, de tacto y orgánica, que también pudiera recordar después de imaginarlo, como cualquier otro recuerdo. Y debería poder diferenciar con precisión entre realidad e imaginación. Y debería poder recordar cualquier percepción, aun las más triviales, estando dormido o despierto, desde el principio de la vida hasta la muerte. Eso es el cerebro óptimo: eso y muchísimo más. Debería pensar con tal rapidez, que las reflexiones vocales fueran totalmente incapaces de ir al mismo ritmo que una milésima parte de una computación. Y, modificado por el punto de vista y los datos adquiridos en su educación, debería tener *siempre* razón y sus respuestas *jamás* deberían estar equivocadas.

Ese es, en potencia, el cerebro que tienes. Es el cerebro que puedes volver a tener a menos que te hayan eliminado alguna parte del mismo. Si no hace todas estas cosas, está ligeramente desajustado.

Llevó mucho tiempo llegar al dato de que este es un cerebro óptimo. Al principio, no se observó que algunas personas tenían, por ejemplo, recuerdo de visión en color (en movimiento), y que otras no lo tenían. Yo no tenía idea de que algunas personas imaginaban, sabiendo que estaban imaginando, con sonidos con tono, etc., y con sorpresa habría recibido los datos de que alguien podía oler y saborear el pavo de la Navidad pasada cuando lo recordaba.

En 1938, cuando las investigaciones que culminaron en *Dianética* (griego *dia* "a través", y *nous* "alma") se iniciaron en serio, no se tenía tan elevada opinión del cerebro humano. De hecho, el proyecto no se inició para investigar la función del cerebro y devolverle su funcionamiento óptimo, sino para conocer la clave del comportamiento humano y la norma de sistematización que pusiera orden en todo el conocimiento.

LO QUE ESTÁ HACIENDO LA VIDA

CAPÍTULO DOS

LO QUE ESTÁ
HACIENDO LA VIDA

EL DERECHO QUE TUVE PARA penetrar en este campo fue el tener un cerebro inquisitivo entrenado en las matemáticas y la ingeniería, y con un banco de memoria lleno de preguntas y extensas observaciones.

El asunto básico era que la mente humana era un problema de ingeniería, y que abordarla con los métodos de la ingeniería nos daría acceso a todo el conocimiento.

Entonces se planteó otra suposición básica:

Todas las respuestas son básicamente sencillas.

Tal y como se encuentra ahora, la ciencia de Dianética y sus resultados (que son tan demostrables como lo es la afirmación de que el punto de ebullición del agua es de 100° C al nivel del mar) es una ciencia de ingeniería, construida heurísticamente[1] basándose en axiomas. Funciona. Eso es lo único que se exige de Dianética o de la química. Pueden no ser ciertas. Pero funcionan, y funcionan invariablemente en el mundo finito.

Cuando el problema se había empezado a discutir, al principio, y cuando se habían formulado preguntas que hacer sobre el universo en general, no se tenía ningún concepto del cerebro óptimo. La atención estaba fija en el cerebro *normal*. Se consideraba que el cerebro *normal* era el cerebro óptimo. Cuando finalmente se llegó a trabajar en el problema del cerebro en sí, se hicieron intentos por obtener resultados, usando como punto de referencia la mente normal. Las mentes se habían aberrado[2]. Cuando se las restause, serían normales.

---

1. **heurísticamente:** que se caracteriza por el uso de experimentos, evaluaciones y métodos de prueba y error.
2. **aberrado:** afectado por la *aberración*: desviación del pensamiento o comportamiento racional; no cuerdo. Del latín, *aberrare*: desviarse; del latín, *ab*: lejos y *errare:* andar errante.

"... y cuando se habían formulado preguntas que
hacer sobre el universo en general, no se tenía
ningún concepto del cerebro óptimo".

De hecho, al principio ni siquiera era seguro que las mentes pudieran restaurarse. Todo lo que se necesitaba era una respuesta a la existencia y las razones de que las mentes se aberraran.

A lo largo de una vida de viajar de un lado a otro, había observado muchas cosas extrañas: el hechicero del pueblo de Goldi[3] en Manchuria; los chamanes[4] del norte de Borneo; los hechiceros de los sioux; las sectas de Los Ángeles (California) y la psicología moderna. Entre las personas a las que se interrogó acerca de la existencia, se encontraba un mago cuyos ancestros habían servido en la corte del Kublai Khan[5] y un hindú que podía hipnotizar gatos. Se habían hecho incursiones en el misticismo, se habían estudiado datos desde la mitología hasta el espiritismo. Retazos así; retazos incontables.

Si estuvieras construyendo esta ciencia, ¿por dónde habrías empezado? Aquí estaban, como posibles referencias, todas las sectas, credos y prácticas de todo un mundo. Había tal cantidad de hechos que los dígitos binarios[6] de 10^{21} parecen pequeños. Si se te pidiera que construyeras una ciencia así y que presentaras una respuesta funcional, ¿qué suposiciones habrías hecho?, ¿a dónde habrías ido a hacer tus observaciones?, ¿qué habrías computado?

Todo y todos parecían tener un fragmento de la respuesta. Los cultos de todas las épocas del mundo entero parecen contener, cada uno, un fragmento de la verdad. ¿Cómo reunimos y ensamblamos los fragmentos? ¿O abandonamos esta tarea casi imposible y empezamos a postular[7] nuestras propias respuestas?

Bien, esta es la historia de cómo se construyó Dianética. Así fue, al menos, como se abordó el problema. Dianética funciona,

---

3. **Goldi:** un pueblo que, por tradición, es de cazadores y pescadores. Habita el valle del río Amur, en la región sureste de Siberia y noreste de Manchuria.
4. **chamán:** sacerdote o sacerdotisa que actúa como intermediario entre los mundos natural y sobrenatural, y que usa magia para curar las dolencias, predecir el futuro y ponerse en contacto y controlar las fuerzas espirituales.
5. **Kublai Khan:** (1216-1294), nieto del fundador de la dinastía mongol, Gengis Khan, que completó la conquista de China comenzada por su abuelo.
6. **dígitos binarios de 10^{21}:** *binario* viene de una palabra latina que significa *dos a la vez*. *Dígitos binarios* se refiere a un sistema numérico que se emplea en ordenadores y que usa sólo dos números (dígitos) 0 y 1. La frase *los dígitos binarios de 10^{21}* se refiere a una enorme cantidad de ceros y unos (1.000.000.000.000.000.000.000 de ellos) alineados, uno tras otro, formando un número enorme.
7. **postular:** suponer que algo es cierto, real o necesario, en especial como base de un argumento o razonamiento.

que es lo que exige un ingeniero; y funciona todo el tiempo, que es lo que la naturaleza le exige al ingeniero.

Primero, se hicieron intentos de descubrir qué escuela o sistema funcionaba: Freud funcionaba en ocasiones. También la acupuntura china. También los cristales mágicos curativos de Australia y los santuarios milagrosos en América del Sur; las curaciones por la fe, el vudú, la narcosíntesis[8]... y que quede entendido ahora mismo que no es necesario aplicar ninguna mística de abracadabra. Un ingeniero necesita cosas que pueda medir. Más adelante, se usa la palabra *demonio*. Eso se debe a lo bien que Sócrates[9] describió a uno. Su uso en Dianética, como el de Clerk-Maxwell[10], es jerga descriptiva. Pero no queríamos ninguna conjetura ni opinión extraña que no se pudiera medir. Cuando un ingeniero sólo usa conjeturas, los puentes se rompen, los edificios se derrumban, las dínamos[11] se paran y la civilización se va a pique.

Una necesidad básica, para llegar a un principio dinámico[12] de la existencia, era descubrir lo que deseábamos saber sobre la existencia. No es necesario especular mucho tiempo con los dioses para saber que invariablemente, aunque de manera divina, conducen a un callejón sin salida. Y un estudio del misticismo, basado en la ingeniería, demuestra que el misticismo abarca principalmente aquello que no tiene esperanzas de poder expresar con precisión.

La primera proposición se formuló basándose en algo así: Averigüemos lo que no podemos o no necesitamos considerar para obtener una respuesta que podamos utilizar. Algunas pruebas parecían demostrar que la identidad exacta del Primer Movedor Inmóvil[13] no era necesaria para la computación. El

---

8. **narcosíntesis:** hipnosis mediante drogas, mediante la cual un paciente recibe psicoterapia mientras está drogado y en un "sueño profundo".
9. **Sócrates:** (aprox. 469-399 a.C.) filósofo y maestro griego que creía en un "demonio", cuya voz le advertía siempre que iba a tomar una decisión equivocada.
10. **Clerk-Maxwell:** James Clerk-Maxwell (1831-1879), físico escocés que, para ilustrar un determinado fenómeno del universo físico, inventaba un ser hipotético (o demonio) que controlaba el movimiento de las moléculas individuales de un gas y les hacía actuar de determinadas formas que él había observado.
11. **dínamo:** una máquina que genera electricidad.
12. **dinámico:** activo, con energía, efectivo, enérgico, que motiva, en oposición a estático.
13. **Primer Movedor Inmóvil:** según el filósofo Aristóteles (384–322 a.C.), la que es la primera causa de todo movimiento en el universo, que no tiene movimiento ella misma. El Primer Movedor se decía que era eterno, inmaterial e inmutable, y Aristóteles consideraba que el Primer Movedor era un pensamiento o la mente divinos, o Dios.

hombre ha estado convencido durante mucho tiempo de que Él comenzó este asunto, así que no se ganaría gran cosa discutiéndolo. Abordemos, entonces, un nivel que esté justo por debajo del Primer Movedor Inmóvil.

Veamos ahora qué más entra en la clase de datos no necesarios para la computación. Bueno, hemos estudiado la telepatía, los demonios, el truco de la cuerda hindú[14] y el alma humana, y aún no hemos encontrado ninguna constante[15] en esta clase de datos. Así que tracemos una raya por debajo de eso y considerémosla nuestro nivel más alto de datos necesarios, y ahora digamos que esta es nuestra línea superior.

¿Qué es lo que nos queda? Nos queda el mundo finito, trajes de sarga azul, el valle de Salinas[16], la catedral de Reims[17] como edificio, varios imperios que se fueron a la ruina, y carne asada para la cena. Dejamos únicamente lo que podamos percibir sin un nivel de abstracción que esté más alto.

Ahora, ¿cómo percibimos, sobre qué y con qué? A partir de esta pregunta, se invirtió mucho tiempo (1937) en hacer un cómputo completo del cerebro como una calculadora electrónica con los cálculos probables de su funcionamiento, más la imposibilidad de que una estructura así fuese capaz de hacer lo anterior. Eliminemos, pues, la necesidad de conocer la estructura, y usemos esto sólo como una analogía que pueda llegar a ser una variable en la ecuación si fuera necesario.

¿Qué tenemos ahora? Hemos sido un tanto duros con los demonios y el alma humana. Ambos son muy comunes, pero se niegan a manifestarse y a someterse a una inspección a fondo o a una medición[18] con calibrador[19], y si no cooperan, nosotros tampoco lo haremos. Y así, dos cosas resultan de esta reducción de factores en la ecuación necesaria para la solución. Primero: es

---

14. **truco de la cuerda hindú:** truco de magia, de origen oriental, en el que el mago suspende una cuerda en el aire y sube por ella y parece desaparecer.

15. **constante:** algo que no cambia o que no puede cambiar ni variar.

16. **valle de Salinas:** un fértil valle en California occidental, al sur de San Francisco, por el que pasa el río Salinas.

17. **catedral de Reims:** famosa catedral gótica e hito principal de la ciudad de Reims, en el noreste de Francia.

18. **medición:** el acto, proceso o arte de comparar algo con una unidad de medida.

19. **calibrador:** un instrumento de medida que tiene dos patas curvas que se pueden ajustar para determinar el grosor, diámetro y distancia entre superficies.

probable que la existencia sea finita; y segundo: los factores finitos satisficieron, por sí mismos, las necesidades del problema.

Probablemente seamos aquí muy matemáticos y poco imaginativos, pero no importa. Un buen principio heurístico y que *funcione* vale más que una infinidad de fórmulas basadas en la autoridad y opiniones que *no* funcionen.

Todo lo que podemos hacer es poner a prueba este principio. Necesitamos un principio dinámico de la existencia. Buscamos en Spencer[20] y encontramos algo que parece tener mucho sentido. Tenía sentido cuando lo tomó de escrituras hindúes, del mismo lugar del que lo sacó Lucrecio[21]. Pero sólo aparenta ser dinámico, ya que no es computable. Nosotros necesitamos un principio *dinámico*, no una descripción.

¿Pero qué significa un principio en una esfera tan vasta? ¿Y no necesitará una descripción mejor? Llamémoslo entonces el mínimo común denominador dinámico de la existencia.

¿Nos conducirá este mínimo común denominador directamente hacia arriba, por encima del nivel más alto que hemos fijado, y hará que demos vueltas con un manojo de variables y ninguna respuesta? Más vale que no sea así. Planteemos, pues, algunas preguntas más y veamos si clarifican el principio.

¿Qué podemos saber? ¿Podemos saber de dónde vino la vida? No por el momento. ¿Podemos saber hacia dónde va la vida? Bueno, eso sería interesante, pero pocos de nosotros viviremos para verlo. ¿Entonces qué podemos saber? Quién, cuándo, por qué, dónde, qué... ¡QUÉ! Podemos saber QUÉ hace la vida.

Postulemos ahora que la vida comenzó en alguna parte y va a alguna parte. Saber de *dónde* vino podría resolver muchos problemas, pero saber eso parece innecesario por el momento para resolver este problema. Y algún día tal vez pueda saberse, también, hacia dónde va, pero tampoco necesitamos saberlo ahora. Así que ahora ya tenemos algo para la ecuación, que se mantendrá formada por constantes. ¿QUÉ está haciendo la vida al avanzar?

---

20. **Spencer:** Herbert Spencer (1820-1903), filósofo inglés conocido por su aplicación de las doctrinas científicas de la evolución a la filosofía y a la ética.
21. **Lucrecio:** (¿98?-55 a.C.) poeta romano que fue el autor del poema didáctico inacabado en seis tomos *Sobre la naturaleza de las cosas*, que forma un bosquejo de una ciencia completa del universo.

La vida es energía de alguna clase. El propósito parece implicar energía. Estamos siendo heurísticos. No necesitamos adentrarnos en discusiones, pues todo lo que queremos es algo con un alto grado de funcionalidad; eso es todo lo que necesita cualquier científico. Si esto no funciona, entonces inventaremos algo más y postularemos una y otra vez hasta que algo sí funcione.

¿Qué está haciendo la energía? Está sobreviviendo; cambiando de forma, pero sobreviviendo.

¿Qué está haciendo la vida? Está sobreviviendo.

Bueno, quizás esté haciendo muchísimo más, pero vamos a probar esto y veamos qué sucede. ¿Cuál es el mínimo común denominador de toda la existencia que hemos encontrado hasta ahora?

¡SOBREVIVE!

La única prueba para un organismo es la supervivencia.

Esto se puede computar.

Incluso podemos llegar tan lejos como para darle colorido y decir que hubo un punto de partida, y que en ese punto Alguien dijo: "¡SOBREVIVE!". No dijo por qué, ni hasta cuándo; todo lo que Él dijo fue: "¡SOBREVIVE!".

Bueno, esto es sencillo y computable. Tiene sentido en la regla de cálculo y tiene sentido con mucha actividad, y parece bastante aceptable; veamos.

El cerebro era una computadora-directora que evolucionó bajo los mismos principios y los mismos planes que los de las células y mediante las células, y está compuesto de células. El cerebro resolvió problemas relacionados con la supervivencia, se hizo preguntas sobre la supervivencia y actuó conforme a su plan mejor concebido para la supervivencia aunque basado en un punto de vista personal.

Si alguien se desplomaba hacia la no supervivencia, era impulsado, por medio del dolor, a ascender hacia la supervivencia. Era atraído, por medio del placer, hacia la supervivencia. Había una escala graduada con un extremo en la muerte y otro en la inmortalidad.

El cerebro pensaba mediante diferencias, semejanzas e identidades, y todos sus problemas se resolvían siguiendo estos cursos de acción, y la supervivencia era estrictamente la única motivación de todos estos problemas y todas estas actividades. Los datos básicos de mando con que funcionaban el cuerpo y el cerebro eran: ¡SOBREVIVE! Eso era todo; no había nada más que esto.

Se estableció este postulado para ver si funcionaba.

Eso fue en 1938 después de varios años de estudio. Los axiomas comenzaban con ¡SOBREVIVE! ¡SOBREVIVE! era el mínimo común denominador de toda la existencia. Se continuó con axiomas referentes a lo que el hombre estaba haciendo y cómo lo estaba haciendo. Surgieron definiciones bastante buenas de inteligencia, impulso, felicidad, bien, mal, etc. El suicidio, la risa, la ebriedad y hacer tonterías también entraban aquí, según se computó.

Estas computaciones resistieron la prueba de varios años. Y luego, como sabrás, vino una guerra. Pero hasta las guerras terminan. Se reanudó la investigación, pero ahora con la necesidad adicional de aplicar el conocimiento adquirido a los problemas de amigos que no habían sobrevivido muy bien a la guerra.

LOS "DEMONIOS" DE LA MENTE

CAPÍTULO TRES

LOS "DEMONIOS" DE LA MENTE

EL INVESTIGADOR SALE HASTA EL borde de lo desconocido y entonces se agotan las guías. En las bibliotecas había miles y miles de casos de locura cuidadosamente registrados. *Y ninguno contenía los datos esenciales para su solución.* Estos casos podrían igualmente haber sido escritos con tinta evanescente, por el valor que tenían. Aparte de demostrar de manera concluyente que la gente manifestaba extrañas aberraciones mentales, carecían de valor. ¿Cómo haces para construir una ciencia del pensamiento si no se te permite observar y careces de datos extraídos de la observación?

De entre una multitud de observaciones personales aquí y en otras naciones, la primera tarea fue encontrar una constante. Yo había estudiado hipnotismo en Asia. Sabía que el hipnotismo era más o menos una base. Cuando los chamanes, hechiceros, exorcistas[1] e incluso los psicólogos modernos se ponen a trabajar, se inclinan por prácticas hipnóticas.

¿Pero de qué sirve una variable tan terrible e impredecible como el hipnotismo? En algunas personas funciona. En la mayoría, no. En aquellas en las que sí funciona, a veces se obtienen buenos resultados; a veces malos. El hipnotismo es algo incontrolable.

Sin embargo, el científico físico no carece de práctica en el uso de una variable incontrolable. Cosas tan imprevisibles, por lo general, ocultan leyes verdaderas e importantes. El hipnotismo era una especie de hilo que enlazaba todos los cultos (o prácticas hipnóticas), pero al menos se podía investigar.

---

1. **exorcista:** alguien que saca espíritus malignos (de una persona o lugar) por medio de una ceremonia religiosa o solemne.

21

Así pues, se examinó el hipnotismo: un fundamento impredecible. La razón de que fuera impredecible podría ser una buena respuesta. La primera investigación al respecto fue bastante breve. No fue necesario que se prolongara más.

Examina una sugestión posthipnótica[2]. El paciente está en trance amnésico[3]. Dile que cuando despierte se quitará el zapato izquierdo y lo pondrá sobre la chimenea, y luego dile que olvidará lo que se le dijo, y despiértalo. Él despierta, parpadea un poco, levanta el pie y se quita el zapato. Pregúntale por qué lo hace: "Mi pie está demasiado caliente". Pone el zapato sobre la chimenea. ¿Por qué? "Detesto ponerme un zapato húmedo. Aquí arriba hace más calor y se secará". Ten presente este experimento. La razón íntegra de su importancia no se manifestó durante nueve años. Pero se reconoció que con diversas sugestiones, se podía crear algo parecido a las diversas neurosis, psicosis, compulsiones y represiones enumeradas por los psiquiatras. En seguida, el examen ya no siguió adelante. Todavía había muy pocas respuestas. Pero estaba claro que *el hipnotismo y la locura eran, en cierta forma, identidades.* Se inició una búsqueda para saber la causa.

Durante mucho tiempo y con muchísima gente, se hicieron intentos de resolver el enigma: ¿Qué provocaba el hipnotismo? ¿Qué hacía? ¿Por qué se comportaba de forma impredecible?

Se examinó el hipnoanálisis[4]. Parece efectivo en los textos, pero no funciona. No funciona por varias razones, y la primera de todas es que no a todo el mundo se le puede hipnotizar. Además, sólo funciona ocasionalmente, aunque se pueda hipnotizar a la persona. Así es que el hipnoanálisis fue enterrado junto con la curación con agua[5] de Bedlam[6], la lobotomía prefrontal[7] y las técnicas de extracción de demonios usadas por los chamanes de

---

2. **sugestión posthipnótica:** una sugestión que se hace durante la hipnosis de manera tal que cause efecto después de despertarse.

3. **trance amnésico:** trance profundo de una persona dormida, que hace que sea susceptible a órdenes.

4. **hipnoanálisis:** un método de psicoanálisis en el que se hipnotiza a un paciente para intentar conseguir datos analíticos y reacciones emocionales tempranas.

5. **curación con agua:** tratamiento psiquiátrico que pretende quitar los demonios de una persona, en el cual se extiendía al paciente en el suelo y entonces se le echaba agua en la boca desde cierta altura.

6. **Bedlam:** un antiguo manicomio (su nombre completo es: St. Mary of Bethlehem) de Londres, infame el tratamiento inhumano que daba a sus internos.

7. **lobotomía prefrontal:** una operación psiquiátrica en la que se practican agujeros en el cráneo, penetrando en el cerebro y cortando los accesos nerviosos a los dos lóbulos frontales, teniendo como resultado que el paciente se transforma en un vegetal a nivel emocional.

la Guayana Británica, y se continuó la búsqueda de la clave que pudiera restaurar la normalidad de la mente.

Pero el hipnotismo no desaparecía. La narcosíntesis parecía una buena pista, hasta que se descubrieron algunos casos que habían sido "curados" con narcosíntesis. Se trabajó de nuevo en los casos con la técnica sólo para ver qué había sucedido. La narcosíntesis a veces parecía arreglar a un hombre, de manera que su neurosis bélica pudiera alcanzar alturas aún mayores en alguna fecha futura. No, eso no es del todo justo. Producía resultados algo mejores a los de un cristal mágico curativo en manos de un hechicero australiano. Parecía hacer algo más de lo que se suponía que debía hacer; y ese algo más era malo. Aquí había otra variable incontrolable, una pieza del rompecabezas de la causa de la demencia. Sabíamos QUÉ estaba haciendo el hombre. Estaba sobreviviendo. De algún modo, en alguna forma, en ocasiones se volvía irracional. ¿Dónde encajaba aquí el hipnotismo? ¿Por qué a veces el hipnotismo inducido por drogas afectaba a la gente tan adversamente?

Aquellas personas con las que uno se encontraba y trabajaba parecían estar atrapadas, de alguna manera, por algo que los métodos modernos casi nunca tocaban. ¿Y por qué se levantaban naciones enteras para masacrar a otras naciones? ¿Y por qué los fanáticos religiosos llevaron un estandarte y una media luna a través de tres cuartas partes de Europa? La gente se conduce como si hubiera sido maldecida por algo. ¿Es que es básicamente mala? ¿Es que la formación social es sólo un delgado barniz? ¿Es que la maldición es una herencia natural del feroz reino animal? ¿*Alguna vez* fue capaz el cerebro de ser racional? El hipnotismo y la narcosíntesis, fundamentos impredecibles, se negaron a proporcionar respuestas durante algún tiempo.

De nuevo fuera de órbita y sin instrumentos con que trabajar, fue necesario volver a las técnicas del chamán del Kayan[8] de Borneo, entre otras. Su teoría es burda: exorcizan demonios. Muy bien. Supongamos que el hombre es maligno; que el mal es innato. Entonces deberíamos poder aumentar el barniz

---

8. **Kayan:** pueblo nativo de la isla de Borneo. Establecido principalmente en el río Kayan, adora a muchos dioses y practica el chamanismo.

civilizado implantando en él más civilización, usando el hipnotismo. Así, el paciente generalmente empeora. Ese postulado[9] no funcionó. Provisionalmente, probemos el postulado de que el hombre es bueno, y sigamos sus conclusiones. Y supongamos que algo como el *Toh*[10] del chamán de Borneo ha penetrado en él y le ordena hacer cosas malas.

Ha sido mayor el tiempo que el hombre ha creído que los demonios habitan en los hombres que el tiempo en que ha creído que no lo hacen. Suponemos que los demonios existen. Los buscamos de una manera u otra. ¡Y *encontramos algunos*!

Este fue un descubrimiento casi tan disparatado como algunos de los pacientes que teníamos a mano. Lo que había que hacer ahora era tratar de medir y clasificar a los demonios.

¡Extraño trabajo para alguien que es ingeniero y matemático! Pero se encontró que los "demonios" se podían clasificar. Había varios "demonios" en cada paciente, pero sólo existían unas cuantas clases de "demonios". Había demonios sónicos, demonios subsónicos, demonios visuales, demonios interiores, demonios exteriores, demonios mandones, demonios dirigentes, demonios criticones, demonios apáticos, demonios enojados, demonios aburridos y demonios "cortina" que tan sólo ocultaban cosas. Estos últimos parecían ser los más comunes. Al examinar el interior de varias mentes, pronto se estableció que era difícil encontrar a alguien que no tuviera alguno de estos demonios.

Fue necesario determinar lo que era un cerebro óptimo. Se postularía ese cerebro, y sería susceptible de cambios. Sería la combinación de las mejores cualidades de todos los cerebros estudiados. Podría visualizar en color y escuchar con todos los tonos y sonidos presentes todos los recuerdos necesarios para el pensamiento. Pensaría sin hablarse a sí misma, pensando en conceptos y conclusiones más que en palabras. Sería capaz de imaginar visualmente en color lo que quisiera imaginar, y escuchar lo que deseara imaginar que oiría. Más adelante, se descubrió que también

---

9. **postulado:** una afirmación que no necesita de prueba alguna, por ser autoevidente, o que se asume que es cierta para un propósito específico.

10. Toh: agente del mundo espiritual en las culturas primitivas. A los *Toh* se les considera espíritus malvados y se les culpa de desastres, como las cosechas fallidas, las enfermedades y la muerte.

podía imaginar olores y percepciones táctiles, pero esto no formó parte del original. Finalmente, sabría cuándo estaba recordando y cuándo estaba imaginando.

Para los fines de la analogía, fue necesario retroceder a la idea de la computadora electrónica, concebida en 1938. Se trazaron circuitos para el recuerdo de visión y sonido, para el recuerdo de color y tono, para la creación con visión y sonido y con color y tono de la imaginación. Entonces se trazaron los circuitos del banco de memoria. Todo esto fue bastante fácil en ese tiempo, ya que se había realizado un trabajo un tanto extenso sobre el asunto en la década de los treinta.

Con este diagrama, se establecieron otros circuitos. El cerebro óptimo era un circuito simple. A este se le agregaron los circuitos "demonio". Se encontró que, mediante la electrónica común y corriente, se podían instalar todas las clases de "demonios" que se habían observado.

Como ninguno de los demonios accedía a presentarse como tal para un examen adecuado, se concluyó que habían sido instalados en el cerebro de la misma manera en que se instalaría un nuevo circuito en el cerebro óptimo. Pero como la cantidad de cerebro era limitado, era obvio que estos "demonios" electrónicos estaban usando partes del cerebro óptimo y no eran más competentes de lo que, inherentemente, era el cerebro óptimo. Esto era postular más. Lo que se quería era un buen resultado. Si esto no hubiera funcionado, se habría intentado algo más.

Así es como se llegó a la solución. Aunque el cerebro humano es un instrumento demasiado maravilloso para clasificarlo dentro de la misma clase de algo tan tosco como la electrónica contemporánea, por maravillosa que esta sea, la analogía sigue en pie como tal. Hoy en día, toda la ciencia se mantendría brillantemente unida sin esa analogía. Pero en este caso nos es útil.

No existen los demonios, ni los fantasmas, vampiros ni *Tohs*. Pero sí existen circuitos aberrativos. Así se razonó. Fue un postulado. Y luego se convirtió en algo más.

"Ha sido mayor el tiempo que el hombre ha
creído que los demonios habitan en los hombres
que el tiempo en que ha creído que no lo hacen.
Suponemos que los demonios existen.
Los buscamos de una manera u otra.
¡Y encontramos algunos!"

Capítulo cuatro

La personalidad básica

LA PERSONALIDAD BÁSICA

UN DÍA, UN PACIENTE SE DURMIÓ. Cuando despertó, se descubrió que era "otra persona". Siendo "otra persona", se le interrogó con mucho cuidado. Este paciente, siendo "él mismo" tenía un bloqueo de memoria sónica, un bloqueo de memoria de audio y era daltónico. Por lo general, era muy nervioso. Al despertar como "otra persona", estaba tranquilo. Hablaba en un tono de voz más bajo. Aquí, obviamente, nos enfrentábamos a uno de esos enredos electrónicos que los eruditos llaman esquizofrénico. Pero no era así. ¡Esta era la personalidad básica del paciente, en posesión de un cerebro óptimo!

Muy pronto se determinó que tenía recuerdo de visión en color de cualquier cosa, recuerdo de sonidos con tono, imaginación con visión en color y sonidos con tono y un control coordinador completo. Sabía cuándo estaba imaginando y cuándo estaba recordando, y eso también era algo que no había podido hacer antes.

Él quería saber algo. Quería saber cuándo se le iba a ayudar a estar bien del todo. Tenía muchas cosas que hacer. Quería ayudar a su esposa para que ella no tuviera que mantener a la familia. ¡Qué distinto del paciente de una hora antes!

Con gusto hizo algunas computaciones mentales con exactitud y claridad, y luego se le permitió acostarse a dormir. Despertó sin recordar nada de lo que había sucedido. Tenía sus

---

1. **esquizofrénico:** una persona con dos (o más) personalidades aparentes. *Esquizofrenia* quiere decir *tijeras* o *dos*, más *cabeza*. Literalmente: *división de la mente,* de ahí: *personalidad dividida.*

"Si el hombre era básicamente bueno, entonces sólo un 'encantamiento de magia negra' podía volverlo malo. ¿Cuál era el origen de este encantamiento? ¿Acaso admitimos las supersticiones y los demonios como realidades y supusimos que la fuente era algo extraño y sobrenatural como el ectoplasma? ¿O nos apartamos de muchas creencias vigentes y nos volvimos un poco más científicos?"

viejos síntomas. No había nada que pudiera sacudir esos bloqueos electrónicos: Ni siquiera sabía si había almorzado, ni el color de mi bufanda; y en cuanto a su esposa, eso era lo que se merecía por ser una condenada mujer.

Ese fue un primer contacto con la personalidad básica. Estaba muy lejos de lo que se llegó a saber después al respecto. Se encontró que era posible hacer contacto con un funcionamiento óptimo del cerebro mente en algunas personas.

¡Las personalidades básicas con las que se hizo contacto eran, invariablemente, fuertes, robustas y constructivamente buenas! Eran las mismas personalidades que tenían los pacientes en su estado normal, menos ciertos poderes mentales, más demonios electrónicos y más infelicidad general. Me encontré con que un "criminal habitual" con una obvia "mente criminal" era, en su personalidad básica, un ser sincero, inteligente, con ambición y sentido de la cooperación.

Era algo increíble. Si esta era el cerebro básico, entonces el cerebro básico era buena. Entonces, el hombre era básicamente bueno. ¡La naturaleza social era inherente! Si esta era la mente básica...

Lo era. Eso es un "clear". Pero nos estamos adelantando al relato.

Las personas eran uniformemente desdichadas estando aberradas. La paciente más desdichada de la lista tenía una aberración que le hacía aparentar "felicidad"; y el individuo *aberrado* más nervioso que se pudiera encontrar alguna vez tenía una aberración dominante en cuanto a estar siempre "tranquilo". Ella decía que era feliz y se esforzaba en creerlo y en que los demás lo creyeran. Él decía que estaba tranquilo. De inmediato le daba un ataque de nervios si se le decía que no estaba tranquilo.

Tentativa y cautelosamnente, se llegó a la conclusión de que el cerebro óptimo es el cerebro no aberrado; que el cerebro óptimo es también la personalidad básica; que la personalidad básica era buena, salvo que estuviera dañada orgánicamente. Si el hombre era básicamente bueno, entonces sólo un "encantamiento de magia negra" podía volverlo malo.

¿Cuál era el origen de este encantamiento?

¿Acaso admitimos las supersticiones y los demonios como realidades y supusimos que la fuente era algo extraño y sobrenatural como el ectoplasma[2]? ¿O nos apartamos de muchas creencias vigentes y nos volvimos un poco más científicos?

---

2. **ectoplasma:** en el espiritismo, la substancia gaseosa y luminosa que se supone que emana del médium durante el trance.

EL MUNDO EXTERIOR Y LA ABERRACIÓN INTERIOR

EL MUNDO EXTERIOR Y LA ABERRACIÓN INTERIOR

La FUENTE, PUES, DEBE SER EL mundo exterior. Una personalidad básica tan ansiosa de ser fuerte, probablemente no se aberraría sin que estuviera funcionando algún demonio personal interno muy poderoso. Pero descartados los demonios y los fantasmas, ¿qué era lo que nos quedaba? Estaba el mundo exterior y nada más que el *mundo exterior*.

Estupendo; veremos si esto vuelve a funcionar. De alguna manera el mundo exterior se vuelve interior. El individuo queda a merced de algunos factores desconocidos que instalan circuitos sin su consentimiento, el individuo se aberra y es menos capaz de sobrevivir.

La siguiente búsqueda se hizo con el fin de encontrar el factor desconocido. La senda se veía bastante bien, hasta ahora, pero la idea era formular una ciencia del pensamiento. Y una ciencia, al menos para un ingeniero, es algo bastante preciso. Tenía que construirse sobre axiomas para los que hubiera poquísimas excepciones, de haberlas. Tenía que producir resultados predecibles de manera uniforme y siempre.

Quizá las ciencias de la ingeniería sean así porque el ingeniero se enfrenta a obstáculos naturales, y la materia tiene una manera un tanto molesta de negarse a pasar inadvertida porque alguien tenga una opinión. Si un ingeniero opina que los trenes pueden correr por el aire, y por ello omite la construcción de un puente sobre el río, la gravedad se encargará del asunto y echará el tren al río.

Así que si queremos tener una ciencia del pensamiento, va a ser necesario tener axiomas que funcionen y que, aplicados con técnicas, produzcan resultados uniformes en todos los casos, y que los produzcan invariablemente.

Según se mencionó antes, ya se había hecho una gran clasificación de los problemas en el curso de este trabajo. Esto fue necesario para examinar el peculiar problema que era el hombre en el universo.

Para los fines de nuestra solución, primero separamos aquello que probablemente podíamos y debíamos pensar de lo que probablemente no tendríamos que pensar. Luego tendríamos que pensar en todos los hombres. Luego en unos cuantos. Finalmente en el individuo, y, por último, en una parte del comportamiento aberrado de un individuo.

¿Cómo se transformó el mundo exterior en una aberración interior?

Hubo muchos intentos fallidos y callejones sin salida, tal como los había habido para determinar lo que sería el cerebro óptimo. Todavía había tantas variaciones y combinaciones erróneas posibles en la computación, que parecía algo sacado de Kant[1]. Pero con los resultados no se puede discutir. No existe substitutivo para un puente lo bastante resistente para soportar un tren.

Concediéndoles una pequeña posibilidad de que pudieran tener razón, probé varias escuelas de psicología: Jung, Adler, incluso a Freud[2]. Pero esto no lo hice muy seriamente, porque más de la mitad de los pacientes habían recibido tratamientos de psicoanálisis muy extensos, de manos de expertos, sin resultados

---

1. **Kant:** Emmanuel Kant (1724-1804), filósofo alemán, filósofo alemán que sostenía que los objetos de la experiencia (fenómenos) se pueden conocer, pero que las cosas que están más allá del ámbito de la posible experiencia no con conocibles. Las obras de Kant se consideran frecuentemente como de difícil comprensión.
2. **Freud, Jung, Adler:** Freud, Jung, Adler: psicólogos Sigmund Freud (1856-1939), Carl Gustav Jung (1875-1961) y Alfred Adler (1870-1937). Freud funcó el psicoanálisis, y aunque Jung y Adler colaboraron con él al princpio, los dos se apartaron y fundarons sus escuelas de pensamiento independientes, ya que estaban en desacuerdo con el énfasis de Freud acerca del sexo como fuerza impulsora. Jung suponía que todos los seres humanos heredan un *inconsciente colectivo*, que contiene símbolos y recuerdos universales de su pasado ancestral, mientras que Adler pensaba que la gente está motivada principalmente por superar sentimientos de inferioridad inherentes.

notables. Se revisó el trabajo de Pavlov[3] por si había algo ahí. Pero los hombres no son perros. Mirando ahora retrospectivamente el trabajo de esa gente, muchas de las cosas que hicieron tenían sentido. Pero si se leía su trabajo y se usaba cuando uno *no* sabía, entonces no tenían sentido; de lo que se puede concluir que los espejos retrovisores de dos metros de ancho le informan más al hombre que conduce con una mirilla orientada hacia el frente, de lo que sabía al acercarse a un objeto.

Entonces surgió una doctrina más de la multitud de doctrinas que se tuvieron que originar para resolver este trabajo: *la selección de importancias*. Obervamos un mar de hechos. Cada gota en el mar es igual a todas las demás. Algunas de las gotas tienen una importancia enorme. ¿Cómo encontrar una de ellas? ¿Cómo saber cuándo es importante? Gran parte del arte anterior en el campo de la mente (y en lo que a mí respecta, todo él) es así. Diez mil hechos: todos y cada uno de ellos con el mismo valor aparente de importancia. Ahora, selecciona el correcto sin equivocarte. Claro, cuando por otros medios se encuentra el hecho correcto, es muy sencillo revisarlos, escoger el adecuado y decir: "¿Ves? Ahí estuvo siempre. El viejo Comosellame bien sabía lo que estaba haciendo". ¡Pero trata de encontrarlo antes de saber! Es obvio que el viejo "Comosellame" no lo sabía, pues le habría puesto una etiqueta roja[4] al hecho y habría tirado el resto a la basura. Así, con esta nueva doctrina de la selección de importancias, se descartaron todos los datos que no hubiera probado o descubierto personalmente. Me había metido en tantos callejones sin salida, debido a observación inexacta y a trabajo descuidado por parte de los precursores en este asunto que ya era hora de decidir que era mucho más fácil construir una premisa nueva que buscar una aguja en el pajar. Cuando llegamos a esto, el asunto cambió de una manera desesperante. Nada estaba funcionando. Me encontré con que

3. **Pavlov:** Iván Petrovich Pavlov (1849-1936) fisiólogo ruso, conocido por sus experimentos con perros. Pavlov presentaba comida a un perro, mientras que hacía sonar una campana. Después de repetir el procedimiento varias veces, el perro (anticipándose) producía saliva con el sonido de la campana, aunque no se le presentaran alimentos. Pavlov concluía que todos los hábitos adquiridos, incluso la actividad mental superior humana, dependen de reflejos condicionados.
4. **etiqueta roja:** identificador o marca para un propisito específico, el color rojo se ha asociado a menudo con la urgente o con situaciones de emergencia, normalmente como advertencia.

"La selección de importancias. *Obervamos
un mar de hechos. Cada gota en el mar es
igual a todas las demás. Algunas de
las gotas tienen una importancia enorme.
¿Cómo encontrar una de ellas?
¿Cómo saber cuándo es importante?"*

inadvertidamente había aceptado un montón de errores anteriores que estaban obstaculizando el proyecto. Había, literalmente, centenares de "pero si todo el mundo sabe que..." que no tenían más base en la experimentación o en la observación que la que tenía un oráculo romano.

Así que se llegó a la conclusión de que el mundo exterior se volvió interior mediante un proceso completamente desconocido e insospechado. Existía la memoria. ¿Cuánto sabíamos de la memoria? ¿Cuántas clases de memoria podía haber? ¿Con cuántos bancos funcionaba el sistema nervioso? El problema no era *dónde* estaban. Ese era un problema aparte. El problema era el de saber *qué* eran.

Tracé algunos esquemas fantásticos, los deseché y tracé otros. Tracé un banco genético, un banco mímico, un banco social, un banco científico. Pero todos estaban mal. No podían localizarse en el cerebro como tales.

Entonces vino un pensamiento terrible. Estaba esta doctrina de la selección de importancias. Pero había otra doctrina anterior: la de la introducción de un factor arbitrario[5]. Introduce un factor arbitrario, y si sólo es un factor arbitrario, toda la computación se descabala. ¿Qué estaba haciendo que introdujo un arbitrario? ¿Existía aún en esta computación otro de los "bueno, todo el mundo sabe que..."?

Es difícil lograr que nuestro entendimiento expulse algo que ha sido aceptado sin dudar desde la primera infancia: es difícil sospechar de esas cosas. Otro mar de hechos, y estos en el banco de memoria de la computadora que trata de encontrarlos.

Había un factor arbitrario. No sé quién lo introdujo, pero probablemente fue el tercer chamán en funciones poco después de que la tercera generación de hombres parlantes empezara a hablar.

Mente *y* cuerpo.

---

5. **factor arbitrario:** algo que se saca de la pura opinión; algo que es irracional o sin fundamento.

Aquí está la grata trampa oculta. Échale un buen vistazo: mente Y cuerpo. Esta es una de esas cosas que parecen fantasmas. Alguien dijo que había visto una. No se recuerda quién era o en dónde, pero están *seguros*...

¿Quién dijo que estaban separadas? ¿Dónde está la evidencia? Todos los que hayan medido una mente sin que estuviera presente el cuerpo, que levanten ambas manos, por favor. Ah, sí, seguro, en los libros. Te estoy hablando a ti, pero no estoy ahí en la habitación contigo en este momento. Así que naturalmente la mente está separada del cuerpo. Sólo que no es así. El cuerpo de un hombre puede dejar huellas de pisadas. Son productos del cuerpo. Los productos de la mente también se pueden ver cuando el cuerpo no está ahí, pero estos son *productos de algo,* y un producto del objeto no es el objeto en sí.

Así pues, considerémoslos como una unidad. Además, el cuerpo recuerda. Puede coordinar sus actividades en un mecanismo llamado mente, pero es un hecho que la mente forma parte del sistema nervioso, y el sistema nervioso se extiende por todo el cuerpo. Si no lo quieres creer, date un pellizco. Después espera diez minutos y regresa al momento en que te lo diste. Regresa al pasado. Haz como que estás allí. Sentirás el pellizco; eso es la memoria.

Muy bien. Si el cuerpo recuerda, y si la mente y el cuerpo no son necesariamente dos cosas separadas, ¿entonces cuáles recuerdos serían los más intensos? Bueno, los que tienen dolor físico, claro está. Y luego, ¿cuáles de estos recuerdos serían los más intensos? Los que contuvieran mayor cantidad de dolor físico. ¡Pero estos no se pueden recordar!

Quizá sea el postulado equivocado, quizá la gente esté formada por cincuenta piezas y no por una; pero vamos a ver qué pasa con este postulado.

Así que pellizqué a algunos pacientes y los hice aparentar que habían retrocedido al momento del pellizco. Y les volvió a doler. Y un joven que se preocupaba muchísimo por la ciencia, y no tanto por su ser físico, se prestó voluntariamente para que le dieran un buen golpe que le hiciera perder el conocimiento durante unos segundos.

Y lo llevé de regreso al golpe y lo recordó.

Después surgió la idea de que era probable que la gente recordara sus operaciones quirúrgicas. Así que se inventó una técnica, y a continuación tuve el recuerdo de una operación dental con óxido nitroso[6], que quedó totalmente accesible con dolor y todo.

6. **óxido nitroso:** un gas de olor y sabor dulzón que se usa en estomatología y en cirugía para dejar inconsciente al paciente.

"El cuerpo de un hombre puede dejar huellas de pisadas. Son productos del cuerpo. Los productos de la mente también se pueden ver cuando el cuerpo no está ahí, pero estos son productos de algo, y un producto del objeto no es el objeto en sí".

CONCEPTOS ERRÓNEOS ACERCA DE LA MENTE

CAPÍTULO SEIS

CONCEPTOS ERRÓNEOS ACERCA DE LA MENTE

MUCHA EXPERIMENTACIÓN Y observación reveló que no existían momentos de "inconsciencia". Y ese era otro concepto erróneo que había detenido el progreso del hombre.

"*Inconsciencia*". Algún día esa palabra habrá desaparecido o tendrá un nuevo significado, ya que por ahora no significa nada, en realidad.

La *mente inconsciente* es la mente que *siempre está consciente*. Así que no existe "mente inconsciente". Y no existe la "inconsciencia". Esto hizo que la psicología moderna se pareciera a Tarawa[1] tras el desembarco de los marines; porque esto es tan fácil de demostrar como la afirmación de que en condiciones normales, cuando se tiene una manzana a un metro del suelo y se suelta, cae.

Era necesario trazar de nuevo todos los diagramas del circuito y elaborar una terminología que no estuviera tan equivocada como "inconsciencia" y "mente inconsciente".

Con fines prácticos, y en vista de que antes me había metido en dificultades debido al uso de palabras con significados convencionales, transformé algunos adjetivos en sustantivos, revolví algunas sílabas y traté de alejarme todo lo posible del foco de infección: la autoridad. Usando términos viejos, uno interpone, en la comunicación, la necesidad de explicar un significado viejo y decir que ya no se va a usar, antes de poder explicar el significado nuevo. Toda una cadena de pensamiento puede atorarse por completo al tratar de explicar que, aunque esta palabra antes significaba _____, ahora significa _____. Por lo general, en la

---

1. **Tarawa**: isla del centro del Pacífico que recuperó de los japoneses la marina americana a finales de 1943, después de fuertes luchas.

comunicación, no se nos permite llegar más allá de un esfuerzo por explicar que no queremos decir _____.

No hay necesidad de penetrar en la evolución de los términos de Dianética. El ciclo de la evolución todavía no está completo, así que usaré aquí términos que se concibieron mucho más tarde. Todavía no son firmes. Pero sus definiciones no son vagas: las definiciones son tan claras como decir que las manzanas son manzanas.

Lo importante es lo que estamos definiendo. Había varios principios heurísticos, sobre los que se basó el trabajo inicial, que "sabíamos". Uno de ellos fue que la mente humana era capaz de resolver algunos de los enigmas de la existencia. En esta etapa de la evolución de Dianética, después de que la "inconsciencia" se desechó por ser información del tipo de "pero si todo el mundo sabe que..." y se le puso la etiqueta de lo que realmente era, un error, hubo necesidad de revisar algunos de los postulados que "sabíamos" de 1938. Uno de esos postulados de "todo el mundo sabe que..." fue que la mente humana no era capaz de comprender el funcionamiento de la mente humana.

"Todo el mundo sabía que" la mente era propensa a errar, que era tonta y que podía aberrarse fácilmente por cosas tan simples como que si papá amaba a mamá, y también Juanito quería amar a mamá.

Y "todo el mundo sabía que" los mecanismos de la mente humana eran muy complejos; tan complicados que era imposible encontrar una solución completa y directa al problema, que en realidad la mente humana era un artefacto enormemente inestable y de equilibrio delicado construido con un montón de trozos, de formas raras, de emoción y experiencia, con el riesgo de derrumbarse en cualquier momento, como los de Rube Goldberg[2].

Desde el punto de vista de la ingeniería, eso parece un poco extraño. Dos mil millones de años de evolución, miles de millones de modelos de prueba sucesivos, tenderían a producir un mecanismo bastante perfeccionado y funcional. Después de toda esa experiencia, podría esperarse que la vida animal produjera un mecanismo que en verdad funcionara... y los artefactos de Rube Goldberg son divertidos por ser absurdamente inútiles. De alguna

---

2. **Rube Goldberg:** (1883-1970) caricaturista norteamericano conocido por su representación de artilugios mecánicos con una complejidad absurda e innecesaria diseñados para manejar tareas de absurda simplicidad.

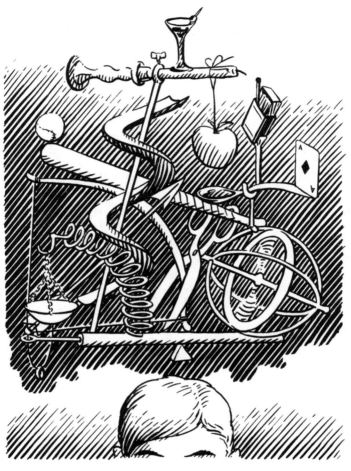

"Y 'todo el mundo sabía que' los mecanismos de la
mente humana eran muy complejos; tan complicados que
era imposible encontrar una solución completa y directa al
problema, que en realidad la mente humana era un artefacto
enormemente inestable y de equilibrio delicado construido
con un montón de trozos, de formas raras, de emoción y
experiencia, con el riesgo de derrumbarse en cualquier
momento, como los de Rube Goldberg".

manera, no parece probable que dos mil millones de años de desarrollo a base de ensayo y error pudieran culminar en un mecanismo torpe, complejo y mal equilibrado para la supervivencia, ¡y que este mecanismo mal hecho sea el amo absoluto de todas las demás formas de vida animal!

Fue necesario que algunos de estos postulados de "todo el mundo sabe que..." se revisaran y se sacaran de la computación.

En primer lugar, todo el mundo sabe que "errar es humano"; y en segundo lugar, todo el mundo sabe que somos peones en el puño peludo de algún ogro que siempre ha sido y será desconocido.

Pero eso no me parecía ingeniería. Yo había escuchado los tambores vudús en Cap Haitien[3] y los cuernos en los templos lamas de las Colinas Occidentales[4]. La gente que golpeaba esos tambores y que soplaba esos cuernos caía presa de las enfermedades, del hambre y del terror. Parecía que ahí teníamos algo que relacionar. Cuanto más se acercaba una civilización (o un hombre) a admitir la capacidad que tiene la mente de computar, tanto más se adentraba en la proposición de que los obstáculos naturales y el caos eran susceptibles de lograr una solución ordenada, cuanto mejor le iba al hombre o a la civilización en la tarea de vivir. Y aquí estábamos de vuelta con nuestro postulado original de ¡SOBREVIVE! Esta computación estaría justificada sólo si funcionaba.

Pero no era una conclusión que no se pudiera justificar. Yo ya tenía experiencia con la personalidad básica. La personalidad básica podía computar como una UNIVAC[5] bien ajustada. Era constructiva. Era racional. Era cuerda.

Y así llegamos al siguiente paso con bota de siete leguas[6] en esta evolución. ¿Qué era la cordura? Era racionalidad. Un hombre estaba cuerdo en la misma proporción en que podía computar con exactitud, limitado únicamente por su información y punto de vista.

3. **Cap Haitien:** puerto marítimo en la costa norte de Haití.
4. **Colinas Occidentales:** cadena de colinas en China, situada al noroeste de la capital de China, Pekín. La cadena es famosa por sus muchos templos, y desde hace mucho ha sido un retiro religioso.
5. **UNIVAC:** (de finales de los 40 a finales de los 50) *Computadora Automática Universal* (*Universal Automatic Computer*): el primer ordenador electrónico diseñado y vendido para resolver problemas comerciales.
6. **paso con bota de siete leguas:** (*figurado*) un progreso enorme, movimiento de avance significativo, como si se diera un paso de siete leguas. Tales botas, que se encuentran en un cuento de hadas, permiten cubrir siete leguas en cada paso (unos 34 kilómetros).

LA MENTE ANALÍTICA

C A P Í T U L O   S I E T E

La mente analítica

¿**Q**UÉ ERA EL CEREBRO ÓPTIMO? Era un cerebro totalmente racional. ¿Qué necesitaba tener uno para ser enteramente racional? ¿Qué tendría que tener cualquier computadora electrónica? Todos los datos debían estar disponibles para la inspección. Todos los datos que contuviera debían proceder de su propia computación, o debía poder computar y revisar los datos que se le dieran. Toma una calculadora electrónica... No, pensándolo bien, no lo hagas. No es lo bastante inteligente como para estar en el mismo plano que la mente; es de un orden de magnitud tremendamente inferior. Muy bien, tomemos la propia mente; la mente óptima. Compárala con ella misma. ¿En qué momento se hizo el hombre consciente? No es absolutamente necesario para el problema o para estos resultados el saber con exactitud cuándo o dónde empezó el hombre a PENSAR, pero comparemos al hombre con los demás mamíferos. ¿Qué tiene el hombre que no tengan los otros mamíferos? ¿Qué puede hacer él que no puedan hacer ellos? ¿Qué es lo que tiene él que ellos tengan?

Todo lo que se necesita es la pregunta correcta. ¿Qué es lo que tiene él que ellos tengan? Tiene algo; y tiene algo más que ellos. ¿Es del mismo orden? Más o menos.

Nunca encontrarás a un perro que pueda conducir un coche, o a una rata que haga cálculos aritméticos. Pero sí habrás encontrado hombres que no podían conducir un coche o sumar mejor que una rata. ¿Cómo se apartaban estos hombres de lo normal?

Parecía ser que el hombre medio tenía una computadora que no sólo era mejor, sino infinitamente más aguda, que el cerebro de cualquier animal. Cuando algo le sucede a esa computadora, el hombre ya no es HOMBRE, sino un perro o una rata, a efectos de comparación del poder mental.

La computadora del hombre debería ser bastante buena. Después de todos esos millones de años de evolución, debería serlo: de hecho, debería haberse desarrollado a estas alturas una computadora perfecta que no diera respuestas equivocadas porque no pudiera cometer un error. Ya hemos inventado computadoras electrónicas con circuitos incorporados de autorevisión, que por su propia naturaleza *no pueden* dar una respuesta equivocada. Estas máquinas se detienen y advierten a un operador si algo va mal de tal modo que la computadora empieza a dar una respuesta equivocada. Sabemos cómo hacer una máquina que no sólo haga eso, sino que tenga circuitos para encontrar el error y corregir el circuito que esté fallando. Si los hombres ya han encontrado la manera de hacer eso con una máquina...

Hacía mucho tiempo que había abandonado la idea de que este trabajo se pudiera realizar mediante la disección de una neurona[1]. Muertas, ya no hablan. Ahora tenía que desechar la idea de que se pudiera adivinar siquiera el mecanismo estructural del cerebro en esta etapa. Pero trabajando sobre la base heurística de lo que funciona, no es necesario saber *cómo* se lleva a cabo en cuanto al mecanismo físico, si podemos demostrar que se lleva a cabo. Era conveniente emplear circuitos electrónicos como análogos, y la analogía de un cerebro electrónico, pues yo conocía esos términos. El cerebro puede funcionar o no con corrientes eléctricas; las cosas que pueden medirse dentro de él y en torno suyo con un voltímetro son interesantes. Pero la electricidad en sí se mide hoy en día de forma indirecta. La temperatura se mide a través del coeficiente de expansión[2] causado por la temperatura. Los encefalógrafos[3] son

---

1. **neurona:** una célula que transmite impulsos nerviosos y que es la unidad funcional básica del sistema nervioso; llamada también celula nerviosa.

2. **coeficiente de expansión:** en física, un cambio de volumen, área o longitud de un material que acompaña a un cambio de temperatura. Por ejemplo, en un termometro tradicional, el volumen de mercurio líquido se expande o contrae según se calienta o se enfría debido a la temperatura. La cantidad de expansión o contraction del mercurio determina la lectura alta o baja del termometro.

3. **encefalógrafo:** aparato para detectar y registrar la actividad eléctrica del cerebro.

útiles para trabajar en torno a un cerebro, pero eso no significa que el cerebro sea tan torpe y tan burdo como un artefacto de lámparas[4]. Ese fue un paso necesario, porque si el problema tenía que resolverse, uno tenía que suponer que el cerebro podía remendarse y con algún método que decididamente no era la cirugía.

Así que parecía que estaba trabajando con esto: una máquina computadora que podía funcionar partiendo de la información almacenada en los bancos de memoria, y estaba diseñada de tal manera que los propios circuitos de la computadora eran inherentemente incapaces de producir una mala computación. La computadora estaba equipada con aparatos de percepción (los órganos sensoriales) que la capacitaban para comparar las conclusiones con el mundo exterior y, de esa manera, poder usar la información del mundo exterior como parte de los circuitos de retroalimentación para comprobación. Si las respuestas obtenidas no concordaban con el mundo exterior observado, puesto que los circuitos computadores eran inherentemente incapaces de producir una computación errónea, debían de ser los datos usados en el problema los que estaban mal. De esa manera, una computadora perfecta, sin error, puede usar información del mundo exterior para comprobar la validez y evaluar su propia entrada de datos. *Esto sólo puede ser posible cuando el mecanismo computador es inherentemente a prueba de errores.* Pero los hombres ya han diseñado formas mecánicas sencillas para hacer una computadora a prueba de errores; y si el hombre puede diseñar eso a estas alturas, dos mil millones de años de evolución podrían hacerlo *y lo harían*[*].

Es fácil comprender el sistema del ordenador a prueba de fallos. Imagina un circuito de ordenador con lámparas de vacío. Si una lámpara deja de funcionar adecuadamente, el ordenador dará respuestas incorrectas cada vez que se necesite la lámpara en el circuito de computación. Pero supón que establecemos dos ordenadores idénticos, si ahora una de las lámparas falla, al estar resolviendo los dos el mismo problema en paralelo, tendrán soluciones diferentes, lo que indica de inmediato que

---

4. **artefacto de lámparas:** referencia a los ordenadores que existían a finales de los años 40. La lámpara se utilizó en los comienzos de forma amplia en radios, televisiones y ordenadores para crear, regular o reforzar corrientes o señales electrónicas. La parte externa de la lámpara consiste en un caparazón de vidrio o metal en forma de tubo. Dentro del caparazón, al vacío, hay filamentos y pequeñas placas metálicas, especialmente diseñados, que controlan las señales electrónicas

hay un defecto en algún sitio. Este sistema se usa en los ordenadores actuales, los cuales, cuando se presenta la situación de la respuesta diferente, requieren la presencia del operador. Pero si tres ordenadores calculan simultáneamente en paralelo para cada problema, es posible no sólo determinar que existe un defecto en la cadena computacional, sino también determinar cuál contiene el defecto y cuál es la respuesta correcta. Ahora la máquina misma puede localizar la unidad defectuosa y reemplazarla. Ninguna de las máquinas hechas por el hombre tiene esa característica, necesita una unidad tripe, y las unidades son demasiado caras. Pero el cerebro del hombre utiliza unas ochenta millones de neuronas; el cerebro se puede permitir resolver todos los problemas por triplicado y debe hacerlo para conseguir tener un ordenador que esté inherentemente a prueba de errores. Sólo teniendo un ordenador a prueba de errores se puede hacer que sea posible la tremendamente importante función de evaluación de datos. – LRH

¿Cómo funciona la mente? Para resolver nuestro problema, no necesitábamos saberlo. El Dr. Shannon[5] comentó que había probado todas las formas que pudo imaginar para computar el material en el banco de memoria del cerebro, y se había visto forzado a llegar a la conclusión de que el cerebro no podía retener más de tres meses de observaciones si registraba todo. Y la investigación de Dianética revela que todo se registra y retiene. Se dice que el Dr. McCulloch, de la Universidad de Illinois, al concebir el cerebro electrónico en 1949, calculó que si la construcción del cerebro humano costara un millón de dólares, sus lámparas tendrían que costar alrededor de un centavo cada una, y la cantidad de energía que consumiría daría luz a la ciudad de Nueva York, y se necesitarían las cataratas del Niágara para enfriarlo. A estos competentes caballeros les dejamos los problemas de la estructura. Hasta la fecha, Dianética no ha violado nada de lo que se conoce en la actualidad acerca de la estructura. En realidad, es posible que mediante la aplicación seria de los principios de Dianética, se pueda llegar a la solución del problema de la *estructura*. Pero en general, todo eso no nos preocupa. Nos ocupamos de la *función*, y de la *capacidad* y el ajuste de esa función, con el fin de lograr un

---

5. **Shannon:** Dr. Claude E. Shannon (1916–), matemático americano, cuya obra causó un impacto en el desarrollo de la tecnología de ordenadores y de las comunicaciones

15.— Yo voy caminando
y veo un peligro
y cambio de Rumbo
me evito el
dolor que pude
pasor. Oy
A Recordar el boneode
Ayer

12
y pu
acto
un f
sin

16 Cuando alguien
se quema con
una Estufa Le
Sirve. aL analizador
para prevenir y no
Le buelve a pasor

14

18 La mente Reactiva
Esta construida para
Funcionar en momentos
de gran dolor Ficico cuando
entra en Funcion cuando
el analisador sedesconeta

L

de
v como
vo.
ccionalidad

El Mundo Exterior entra
en el hombre y se
convierte en banco de memoria

El dolor va contra
supervivencia.

19 un engrama es
simplementa. un periodo
de dolor Fisico Cuando
el analizador esta desconectan

funcionamiento óptimo. Estamos trabajando con una calculadora inherentemente *perfecta*.

Estamos trabajando con una calculadora que funciona sólo según el principio de que debe tener la razón y debe averiguar el porqué cuando no la tiene. Su código podría formularse así: "Y me comprometo a estar en lo correcto al principio, al final y siempre, y no hacer otra cosa más que estar en lo correcto, y por ninguna circunstancia estar equivocada".

Esto es lo que esperarías de un órgano dedicado a computar un asunto de vida o muerte, como lo es la supervivencia. Si tú o yo estuviéramos construyendo una calculadora, construiríamos una que siempre diera respuestas correctas. Ahora bien, si la calculadora que construyéramos fuese también, en sí misma, una personalidad, esta también afirmaría tener razón.

Después de observar esta computadora en su estado óptimo como la personalidad básica, la conclusión estaba muy lejos de ser un simple postulado. Y entonces llamaremos a esta computadora la "mente analítica". Podríamos subdividir esto aún más, y complicarnos diciendo que hay un "yo"[6], además de una computadora, pero esto nos desviaría en una u otra dirección, que tal como se desarrollan las cosas, no es demasiado útil en este momento. Es así como, para nuestros fines, la "mente analítica" o "analizador" es una computadora y es el "yo". Todo lo que queremos es una buena *solución que funcione*.

Lo siguiente que debemos considerar es aquello que aparentemente hace del hombre un ser consciente, y esa consideración nos lleva a la conclusión de que poseer este analizador eleva al hombre muy por encima de los demás mamíferos, pues mientras el hombre sea racional, será superior. Cuando se reduce esa racionalidad, se reduce también su estado de ser. Puede concebirse entonces, que este analizador es lo que establece la diferencia entre un perro y un hombre.

Desde hace mucho tiempo, ha sido popular el estudio de los animales entre los psicólogos experimentales, pero no se les debe

---

6. "yo": (en filosofía y en otros campos) el origen del pensamiento; la persona misma, a diferencia del cuerpo, la cual es consciente de ser ella misma; el alma.

valorar de manera equivocada. El trabajo de Pavlov fue interesante: demostró que los perros siempre serán perros. A la luz de estas nuevas observaciones y deducciones, se probó más de lo que sabía Pavlov. Se demostró que los hombres *no eran* perros. Aquí debe de haber una respuesta en alguna parte. Veamos. Yo he entrenado a muchos perros. También he entrenado a muchos niños. Tuve una vez la teoría de que si se entrenaba a un niño con la paciencia con que se entrena a un perro, se tendría un niño obediente. No funcionó. Hm-m-m. Así es. No funcionó. Por más que uno tratara calmada y pacientemente de trasformar a ese niño en un perro bien entrenado... "Ven aquí", y salía corriendo... Mmmm... Debe de haber alguna diferencia entre los perros y los niños. Bueno, ¿qué tienen los perros que no tengan los niños? En relación con la mente, es probable que nada. ¿Pero qué tienen los niños que no tengan los perros? ¡Una buena mente analítica!

Observemos, pues, esta mente analítica humana un poco más de cerca. Debe de tener una característica distinta a la mente animal..., a la mente de los mamíferos inferiores. Postulamos que esta característica debe de tener un alto valor de supervivencia; que evidentemente es muy notable y extensa, y que el analizador... hm-m-m.

El analizador debe de tener alguna cualidad que haga de él un aparato pensante un poco diferente al que se observa en ratas y perros. No sólo es la sensibilidad y la complejidad. Debe de tener algo mejor y más nuevo. ¿Otro principio? Bueno, difícilmente todo un principio, pero...

Cuanto más racional es la mente, tanto más cuerdo es el hombre. Cuanto menos racional es la mente, tanto más se acerca el hombre, en cuanto a conducta, a sus primos de la familia de los mamíferos. ¿Qué es lo que hace que la mente sea irracional?

RASTREANDO LA FUENTE DE LA IRRACIONALIDAD

RASTREANDO LA FUENTE DE LA IRRACIONALIDAD

ORGANICÉ UNA SERIE DE EXPERIMENTOS, usando las personalidades básicas con que pude ponerme en contacto, por encima o por debajo del nivel de la personalidad aberrada, y en ellas confirmé la claridad y el funcionamiento óptimo de la computadora básica. Algunos de estos pacientes estaban bastante aberrados hasta que estuvieron en un trance de amnesia hipnótica, momento en que pudieron ser liberados del control del operador. Las aberraciones no estaban presentes. Los tartamudos no tartamudeaban. Las prostitutas se volvían morales. La aritmética resultaba fácil. Había recuerdo de visión en color y sonido con tono e imaginación de visión en color y sonido con tono. Se sabía cuándo era imaginación y cuándo no. Los "demonios" se habían quedado "aparcados" en alguna parte. Se había pasado por alto a los circuitos y a los filtros que causaban aberración, por decirlo con más precisión técnica y científica.

Ahora supongamos que los circuitos aberrativos se han introducido de alguna manera desde el mundo exterior; eso abarcaba el terreno bastante bien, de una manera muy absoluta.

Aquí hay una respuesta. Los circuitos y filtros de desviación introducidos se convertían en aberraciones de alguna forma que aún no comprendíamos. ¿Y qué nuevo cariz le daba esto al analizador?

Una investigación posterior parecía indicar que la respuesta se encontraba en el término "determinismo". Una cuidadosa inspección de esta computación confirmó las observaciones. Nada se violó. ¿Funcionaba?

Postulemos esta computadora perfecta. Es *responsable*. Tiene que ser responsable. Tiene *razón*. Tiene que tener razón. ¿Qué es lo que le haría estar equivocada? Un determinismo externo más allá de su capacidad de rechazar. *Si no pudiera desechar un dato falso, tendría que computar con él.* Entonces, y sólo entonces, la computadora perfecta daría respuestas equivocadas. Una computadora perfecta tendría que ser *auto*determinada, dentro de los límites de los esfuerzos necesarios para resolver un problema. Sin autodeterminismo, la computación sería errónea.

La máquina tendría que ser *autodeterminada* en gran medida, o no funcionaría. Esa era la conclusión. Buena o mala, ¿nos llevaría a resultados posteriores?

Y nos llevó.

Cuando se introducía un determinismo exterior en un ser humano, de modo que rebasara su autodeterminismo, la corrección de sus soluciones disminuía con rapidez.

Tomemos cualquier calculadora común y pongamos en ella la orden de que todas sus soluciones deben contener la cifra 7. Atoremos el 7 e introduzcamos en la calculadora el problema de multiplicar 6 x 1. La respuesta será errónea. Pero sigamos presionando el 7. A efectos prácticos, esa máquina está loca. ¿Por qué? Porque no computará correctamente mientras se mantenga presionado el 7. Ahora soltemos el 7, introduzcamos en la máquina un problema muy complejo, y conseguiremos una respuesta correcta. Ahora la máquina está cuerda: es racional. Da respuestas correctas. En una computadora electrónica, ponemos un cortocircuito en el 7 para que siempre se le añada a cualquier operación, no importa qué teclas se opriman. Después damos la máquina a un tendero. Este trata de usarla y la tira a la basura porque no le da respuestas correctas, y él no sabe nada de electrónica ni le importa. Todo lo que desea es un resultado correcto.

Si se acepta la computación de la mente analítica, y si se admite sólo mientras funcione, ¿dónde se hace con un 7 atorado: un dato falso impuesto?

Ahora, una computadora no es necesariamente su banco de memoria. Los bancos de memoria pueden agregarse y quitarse en una computadora electrónica común. ¿Dónde buscamos el error? ¿Está en el banco de memoria?

La búsqueda de lo que atora el 7 requirió de bastante trabajo arduo, especulaciones y suposiciones. Se tenía que llevar a cabo un poco más de trabajo en la computadora, o sea en la mente analítica. Y entonces surgió lo que parecía ser un pensamiento brillante. Supongamos que organizamos toda la computadora como si fuera un "demonio". Un demonio que siempre e invariablemente está en lo correcto. Instalemos uno en un cerebro, de manera que la computadora pueda proyectarse hacia el exterior del cuerpo y darle órdenes al cuerpo. Hagamos que la computadora sea un circuito independiente del individuo. Bueno, el hipnotismo tiene algunas utilidades. Algunas veces es un buen instrumento para la investigación, aun cuando sea el principal villano en la aberración.

Dos cosas sucedieron en el momento en que se hizo esto. La computadora podía dirigir al cuerpo como "entidad exterior" y usar a voluntad lo que fuera de los bancos de memoria. *El 7 ya no estaba atorado.*

Por supuesto, esta era una prueba anormal, ya que sólo podía hacerse en un paciente hipnótico excelente. Y sólo podía instalarse como algo temporal.

Este demonio artificial lo sabía *todo*. El paciente, cuando estaba despierto, podía oírlo. El demonio estaba dotado de recuerdo perfecto y dirigía al paciente de forma admirable. Hacía computaciones moviendo la mano del paciente (*escritura automática*[1]) y llevaba a cabo acciones que el paciente, evidentemente, no podía hacer. ¿Pero por qué él sí podía? De manera artificial, habíamos separado el analizador del paciente aberrado, haciendo un nuevo circuito de desviación que no tocaba ninguno de los circuitos aberrados. Esto habría sido una solución maravillosa si no hubiera sido porque el paciente pronto se volvió esclavo del demonio, y porque el demonio, después, empezó a adquirir aberraciones

---

1. **escritura automática:** escritura realizada por una persona sin su intención consciente o sin ser consciente de hacerlo, a menudo animada para hacer contacto con el inconsciente de quien escribe, descubriendo datos censurados u ocultos.

de las muchas que el paciente tenía almacenadas. Pero servía para poner a prueba los bancos de memoria.

Algo debía de andar mal con estos bancos. Todo lo demás estaba en orden. Los bancos contenían una infinidad de datos que asombraban por lo completos que eran. Así que se inició una profunda y larga búsqueda para encontrar lo que andaba mal en los bancos. En sueño amnésico o con narcosíntesis, los bancos podían saquearse por completo. Por medio de la escritura automática, vocalización automática o clarividencia[2], se podía aprovechar algo más.

Esta era una forma bastante descabellada de ocuparse de esto. Pero una vez que habíamos comenzado a investigar los bancos de memoria, seguía presentándose tanta información, que había que continuar.

No tenemos espacio para mencionar todo lo que encontramos en el banco de memoria humano, ni lo completo que es, su exactitud, su minuciosidad o su sistema de archivo con referencias cruzadas, fantásticamente complicado, pero muy ingenioso. Sin embargo, es necesario resumir algunos puntos sobresalientes.

En primer lugar, los bancos contienen un registro completo de visión en color de toda la vida de una persona, a pesar de los circuitos "demonio". Estos ocluyen o falsifican. No alteran el banco ni su exactitud. Una "mala" memoria, significa una memoria obstruida, pero completa. *En los bancos pueden encontrarse todas las percepciones recibidas a lo largo de una vida.* Todas las percepciones. En su debido orden.

Los recuerdos se archivan por tiempo. Tienen un etiqueta de edad y otra emocional, una etiqueta del estado físico del ser y un registro preciso y exhaustivo de todo lo percibido por sensación orgánica: olfato, gusto, tacto, percépticos del oído y de la vista, *además* de la secuencia de pensamientos del analizador en ese momento.

No existe ninguna inexactitud en los bancos. Por supuesto, la inexactitud puede provocarse por cirugía o por lesiones que

---

2. **clarividencia:** agudeza de la percepcion menta, claridad de entendimiento, perspicacia relativa a las cosas más allá de la imagen de la percepción ordinaria.

implican que, de hecho, se han extirpado ciertas porciones. El electrochoque y otros procedimientos psiquiátricos son cuestionables. La lobotomía prefrontal es un asesinato de mentes, tan certero y completo, que después de ella no se puede estar seguro de nada en el paciente, excepto de que es un muerto viviente.

Los bancos de memoria, en toda persona en quien no se hayan llevado a cabo cambios orgánicos, están tan fantástica-mente completos y en un orden tan perfecto detrás de los circuitos de desviación, que es algo difícil de concebir y me costó un trabajo ímprobo concebirlo. Muy bien, había algo entre los bancos y el analizador. Debía de ser así. Los bancos estaban com-pletos. Los circuitos estaban intactos. En cualquier paciente orgánicamente sano (y eso incluye a todos los pacientes que tenían afecciones psicosomáticas), la personalidad básica se encontraba intacta, al parecer, y los bancos estaban intactos. Pero de alguna manera, los bancos y el analizador no actuaban en consonancia.

Vamos a examinar esto de nuevo. Es un problema de ingeniería, y hasta ahora se ha rendido perfectamente al pensamiento y a la computación de la ingeniería. Al parecer, debería seguir rindién-dose. Pero examinemos la obra de Freud. Ahí está su censor[3]. Veamos si existe un censor entre los bancos y el analizador.

Eso fracasó en la mitad de dos segundos. El censor es un com-puesto de circuitos de desviación, y podría decirse que es tan natural y tan necesario en un ser humano como lo sería una quinta rueda en un monociclo[4]. No existe censor alguno. Lo tenía bien merecido por tratar de apoyarme en la autoridad. En lo que res-pecta a la autoridad, si se puede deletrear, entonces es correcto. En lo que respecta a la ingeniería, si no se puede encontrar y medir de alguna manera, es probable que no exista.

Volví a revisar los bancos de memoria. ¿Cómo estaba obteniendo yo los datos? Para algunos, estaba usando escritura automática; circuito de desviación para otros; y para otros,

---

3. **censor:** (en la teoría Freudiana de los sueños de la primera época) la fuerza que reprime las ideas, los impulsos y los sentimientos, y que les impide llegar a la consciencia en su forma original, sin disfraz.
4. **monociclo:** vehículo de una sola rueda.

regresión[5] directa y revivificación[6] mediante un antiguo principio hindú[7]. Me puse a tratar de clasificar qué tipo de datos estaba yo obteniendo con cada uno de los métodos de evocación, y de pronto el problema se desmoronó. Mediante escritura automática estaba consiguiendo datos que no eran accesibles al analizador. Mediante desviación, conseguía información, inaccesible de otra manera. Mediante la regresión y la revivificación, conseguía material sólo un poco mejor del que podía recordar el sujeto en trance. Encontré que los datos que podía verificar eran invariablemente exactos con cualquiera de estos métodos. ¿Cuál era la diferencia entre los datos de la escritura automática y simples datos producto del trance?

Tomé los datos automáticos de un paciente y le provoqué una regresión a ese período. No pudo recordarlo. Los datos se referían a una pierna rota y a un hospital. Lo obligué por puro poder de persuasión a entrar en el incidente.

El paciente sintió un dolor muy agudo en el área de la vieja fractura.

Esto estaba muy lejos del hipnoanálisis. Era un esfuerzo por encontrar una interposición entre los bancos de memoria y el analizador, no un esfuerzo por aliviar "experiencias traumáticas".

Allí estaba la respuesta. ¿Por qué no? Era muy sencillo. Allí había estado, delante de mis narices desde 1938. ¡Ah, esos espejos retrovisores de dos metros de ancho! Incluso había hecho una ley al respecto.

La función de la mente incluía el evitar el dolor. El dolor iba contra la supervivencia. Evítalo.

Y ya está: ¡la forma de mantener atorado el 7! ¡Se le puede mantener atorado mediante dolor físico! El mundo exterior entra en el hombre y se convierte en banco de memoria. El analizador usa el banco de memoria. El analizador usa el mundo exterior. El

---

5. **regresión:** una técnica en la que parte del individuo permanecía en el presente y parte regresaba al pasado.
6. **revivificación:** el alivio de un incidente o una parte de él como si estuviera sucediendo ahora.
7. **antiguo principio hindú:** referencia a las técnicas de regresión y revivificación que se usaron en Asia durante miles de años. A diferencia de las escuelas occidentales recientes, que sostenían que la regresión sólo era posible en sujetos en trance o hipnotizados, en Asia se descubrió que esta capacidad era innata al individuo que está completamente alerta.

"Y ya está: ¡la forma de mantener atorado el 7!
¡Se le puede mantener atorado mediante dolor físico!
El mundo exterior entra en el hombre y se convierte
en banco de memoria".

analizador queda atrapado entre el mundo exterior de ayer, que ahora es interior, y el mundo exterior de hoy y mañana, todavía exteriores.

¿Puede ser simplemente que este analizador consigue sus datos con un solo circuito de percépticos? ¿Podría ser que ese circuito de percépticos lleve en sí tanto el ayer como el hoy? Bueno, comoquiera que sea, es cierto que el analizador se comporta con el mundo interior de ayer igual que se comporta con el mundo exterior de hoy en lo que se refiere a evitar el dolor. La ley funciona en ambos sentidos.

El analizador evita tanto el dolor de ayer como el dolor de hoy. Bueno, eso es razonable. Si se evita el dolor de ayer en el entorno de hoy, se tiene una mayor oportunidad de sobrevivir. De hecho... Pero mira aquí: hay algo más que esto en el problema. Si el analizador tuviera una visión clara del dolor de ayer, lo podría evitar mejor hoy. Eso sería un buen funcionamiento.

Ese era el "fallo" de la máquina. Pero era un "fallo" muy necesario. Sólo porque un organismo esté construido para sobrevivir, moldeado para sobrevivir y con la intención de sobrevivir, eso no significa, por supuesto, que sea perfecto.

Pero el analizador *era* perfecto.

Los bancos eran perfectos.

El analizador simplemente no permitiría que entraran las irracionalidades del mundo exterior, siempre y cuando pudiera evitarlo.

¡Siempre y cuando pudiera evitarlo!

CAPÍTULO NUEVE

EL MALO DE LA OBRA

CAPÍTULO NUEVE

EL MALO DE LA OBRA

AHORA YO ESTABA SONDEANDO en busca del villano de la obra. Durante un tiempo no se le encontró. Se hicieron muchos experimentos. Se hicieron esfuerzos por devolver la salud a varios pacientes, simplemente atravesando la pared de dolor que el analizador estaba "tratando de evitar". Se rompieron muchos incidentes dolorosos, de angustia mental y física, como para llenar una biblioteca, pero sin conseguir mucho alivio. Los pacientes recaían.

Entonces se descubrió que cuando a un paciente se le hacía lanzarse contra un período en el que había estado "inconsciente" y atravesarlo, mostraba cierta mejoría. Luego se descubrió que estos períodos "inconscientes" eran en cierto modo como períodos de hipnosis que el dolor hacía efectivos. ¡El paciente respondía como si el "período inconsciente" hubiese sido una sugestión posthipnótica!

De esta serie de experimentos se obtuvo un dato principal. Alivia el dolor y la "inconsciencia", y el poder sugestivo desaparece. No era necesario que el sujeto se hubiera sometido a ninguna paparrucha hipnótica en este período "inconsciente". Pero cada uno de los percépticos percibidos tendía a aberrarlo.

No me había dado cuenta, hasta entonces, de que estaba jugando al escondite con una etapa del proceso evolutivo del hombre que no había sido advertida hasta ahora. Si alguna vez el hombre había sido un renacuajo, entonces no había perdido ninguna de las partes a través de las cuales había evolucionado. ¿Cómo piensa un pez?

Veamos cómo respondería un pez al dolor. Está nadando en agua salobre de color amarillo sobre fondo verde sintiendo el sabor a gambas. Un pez grande le da un golpe; yerra y no lo mata. Nuestro pez queda con vida para regresar otro día. Esta vez se mete nadando en otra área salobre con fondo negro. Se pone un poco nervioso. Luego el agua se torna amarilla. El pez se pone muy, muy alerta. Sigue avanzando y pasa sobre un fondo verde. Entonces siente el sabor a gambas y de inmediato se aleja nadando a toda velocidad.

Ahora bien, ¿y si el hombre todavía tuviera sus reacciones de organismo inferior? Según el experimento, así era. Drógalo con éter[1] y lastímalo. Luego haz que huela éter y se pondrá nervioso. Empieza a dormirlo, y él empezará a pelear. Otros experimentos dieron todos la misma conclusión.

Las reacciones de los organismos inferiores se pueden determinar con precisión. Los perros de Pavlov. Cualquier perro que hayas entrenado. El perro puede tener también algo de analizador, pero es un animal que funciona a base de respuesta a estímulos. Y el hombre también. Ah, sí; el hombre también. Ya sabes, exactamente como las ratas.

¡Sólo que el hombre *no es así!* El hombre tiene un amplio poder de elección. Interfiere con ese amplio poder y se armará un lío. Abérralo lo suficiente y responderá a los estímulos de manera impredecible. Extírpale el cerebro con un cuchillo y se le podrá entrenar para que diga "guau guau" para pedir de comer. ¡Pero hay que tener cuidado de cortar muy bien para obtener un "guau guau" satisfactorio el cien por ciento de las veces!

¿Qué sucede cuando a un hombre se le deja "inconsciente"? "¡No está ahí!" *Pero sí están todos los registros de memoria durante ese período.* ¿Qué sucede cuando se le deja inconsciente a medias? Lleva a cabo acciones automáticas y extrañas. ¿Qué sucede cuando su analizador está tan aberrado que...? ¡Eh! ¡Espera! ¿Cómo construirías un analizador bueno y sensible? ¿Lo dejarías conectado a todas las descargas? No, le pondrías fusibles para que viviera para

---

1. **éter:** un líquido incoloro que tiene un olor aromático y un gusto dulce y ardiente, usado antiguamente como anestesia por inhalación.

" ¿Cómo construirías un analizador bueno y
sensible? ¿Lo dejarías conectado a todas las
descargas? No, le pondrías fusibles para
que viviera para pensar un día más".

pensar un día más. ¿Qué clase de respuestas querrías en una emergencia? ¡Automáticas!

Estufa caliente, mano en estufa, retirar la mano. ¿Haces alguna computación para eso? Claro que no. ¿Qué retiró la mano? ¿El analizador? No. ¿Qué le sucedió al analizador por un instante durante el choque? ¡El analizador se sale del circuito y deja todo el mando a un director que piensa mediante identidades[2]! ¡Un buen director rápido que piensa mediante identidades!

El analizador no piensa mediante identidades. Piensa mediante diferencias y semejanzas. Cuando pierde su poder de distinguir y piensa mediante identidades... No, nunca lo hace. Eso es locura, y el analizador *no* enloquece. Pero hay algo ahí que piensa mediante identidades. Empieza a trabajar en un paciente y encontrarás que una menestra es igual a nieve, es igual al dolor en la rodilla: eso es pensar mediante identidades.

No sabemos qué le sucede en realidad al analizador, pero sí sabemos que hemos encontrado algo que se interpone entre los bancos y la computadora. Algo que piensa mediante identidades y que tiene gran prioridad sobre la razón durante momentos de tensión, se puede encontrar siempre que se envía a un hombre a momentos de inconsciencia del pasado.

Ahora sabemos qué hace. Toma el mando cuando el analizador sale del circuito. No importa si es la mente de tipo antiguo que el hombre no eliminó mientras llegaba gradualmente a ser capaz de percibir de manera consciente con el desarrollo de un analizador. Tampoco nos ocupamos de si es una entidad estructural compuesta por una combinación de "períodos inconscientes". Estamos trabajando en la función, y queremos respuestas que funcionen sin excepción.

Llámalo la *mente reactiva*. Es una mente que está construida para funcionar en momentos de gran dolor físico. Es resistente. Funciona hasta el último aliento y a un tris de la muerte. Quizá sea casi imposible construir una mente muy capaz de percibir de manera consciente, que actúe en las terribles condiciones de agonía en que

2. **identidad:** similitud exacta de cualidades o características, equivalente o igual. (Véase la definición de *pensamiento mediante identidades* en el resto del capítulo).

encontramos que funciona la mente reactiva. Tal vez la mente reactiva... Bueno, eso es estructura. Ahora la veremos como función.

La mente reactiva piensa mediante identidades. Es una mente de estímulo-respuesta. El exterior determina sus acciones. No tiene ningún poder de elección. Ofrece datos de dolor físico, durante momentos de dolor físico, en un esfuerzo por salvar al organismo. Mientras sus mandatos y sus órdenes se obedezcan, refrena el dolor físico. Tan pronto como el organismo empieza a oponerse a sus órdenes, causa dolor.

Si el pez no se hubiera alejado al encontrarse en un área de peligro en donde lo habían atacado, el burdo mecanismo de la reestimulación[3] del dolor lo habría obligado a retirarse. No nadar es igual a costado dolorido. Nadar es igual a todo va bien.

El analizador funde sus "fusibles", al igual que lo haría cualquier máquina bien ideada, cuando su delicado mecanismo está a punto de ser destruido por una sobrecarga. Eso es supervivencia. La mente reactiva entra en funcionamiento cuando el analizador se desconecta. Eso es supervivencia.

Pero algo debió andar mal. Era un plan bastante bueno. Pero no siempre funcionaba.

O funcionaba demasiado bien.

Así se descubrió el banco reactivo de memoria y la totalidad de su contenido: los *engramas* y sus *candados*[4]. Un engrama es simplemente un período de dolor físico, cuando el analizador está desconectado y el organismo experimenta algo que cree que es, o que en realidad es, contrario a su supervivencia. Un engrama se adquiere sólo cuando falta el poder analítico.

Cuando el analizador está desconectado, pueden pasar al banco de memoria datos con valor de alta prioridad, sin que los evalúe el analizador. Allí se transforman en parte del banco de emergencia. La mente reactiva es un banco de etiquetas rojas, compuesto por situaciones peligrosas, de alta prioridad, experi-

---

3. **reestimulación:** una condición en que la aproximación del contenido de la mente reactiva o alguna parte de él se percibe en el entorno del organismo.
4. **candado:** una situación de angustia mental. Depende para su fuerza del engrama al que acompaña. El candado es más o menos conocido para el analizador. Es un momento de reestimulación severa de un engrama.

mentadas por el organismo. La mente reactiva tiene a este banco como su única fuente de información. La mente reactiva piensa mediante identidades con este banco de etiquetas rojas. Mientras el analizador está en el circuito *completamente,* el banco de etiquetas rojas es nulo y está vacío. Cuando el analizador está parcialmente fuera del circuito (como en el caso de la fatiga, la ebriedad o la enfermedad), una parte del banco puede ponerse en acción.

Vamos a empezar a llamar a la "inconsciencia" con una nueva palabra: *anatén.* Atenuación[5] analítica (del inglés *Analytical atte-nuation*). Existe un anatén mayor o menor. Se anestesia a un hombre con éter. Se pone anatén. Recibe un golpe en la mandíbula y se pone anatén.

Ahora, ¿qué contiene un engrama? El examen clínico demuestra que el engrama está compuesto de anatén, tiempo, edad física, emoción, dolor físico y todas las percepciones, en una secuencia ordenada. Palabras, lo que se vio, olores: todo lo que estaba presente.

Tuvimos que organizar aquí una nueva subciencia para pensar adecuadamente en los engramas. Es la ciencia de los percépticos. ¿Conoces la semántica general[6]? Bueno, es la misma organización, sólo que incluimos todos los percépticos y mostramos dónde se origina el significado de cada percéptico, y por qué el hombre no puede dejar de identificar, con facilidad y aplomo, mientras tenga engramas.

La escritura automática que obtenía salía directamente de los engramas. Eso y los circuitos de desviación revelaban datos recibidos durante el anatén: engramas. Y entonces descubrí que estos engramas tenían una facultad peculiar: podían crear sus propios circuitos usando los circuitos anfitriones de forma parasitaria.

Así es como se puede establecer un engrama: A María, de 2 años de edad, un perro la deja inconsciente; el perro la muerde. Contenido del engrama: anatén; edad: 2 años (estructura física);

---

5. **atenuación:** debilitamiento o reducción en cuanto a fuerza, intensidad, efecto, cantidad o valor.

6. **semántica general:** un método filosófico altamente organizado de enfocar el lenguaje, desarrollado por Alfred Korzybski (1879-1950), que buscaba una base científica para una clara comprensión de la diferencia entre las palabras y la realidad y las formas en que las propias palabras pueden influenciar y limitar la capacidad de pensar del hombre.

olor del entorno y del perro; visión de las mandíbulas del perro abiertas y dientes blancos; sensación orgánica de dolor en la parte posterior de la cabeza (se golpeó con el pavimento); dolor en la espalda; mordedura del perro en la mejilla; tacto del pelo del perro; sensación del asfalto (codos en el pavimento); aliento caliente del perro; emoción; dolor físico más respuestas endocrinas[7]; el sonido del gruñido del perro y un coche que pasa.

¿Qué hace María con el engrama? Ella no "recuerda" el incidente, pero a veces juega a que es un perro que salta sobre la gente y la muerde. Aparte de eso, no hay otra reacción. Luego, a la edad de 10 años —en circunstancias similares, sin mucho anatén—, el engrama se reestimula. Después de esto, María tiene dolores de cabeza cuando ladran los perros o cuando pasan coches que suenan como *aquel* coche, pero sólo responde al engrama cuando está cansada o acosada de alguna otra forma. Primero el engrama estaba latente: los datos esperaban por si acaso. Después se produjo el *key-in*[8]: algo de lo que hay que cuidarse. Luego el engrama se reestimulaba cada vez que aparecía cualquier combinación de sus percépticos mientras María estaba un poco anatén (fatigada). A los cuarenta años, respondía de la misma manera exacta, ¡y todavía no tiene ni la más leve comprensión consciente de la verdadera razón!

Ahora consideremos qué habría sucedido si la mamá de María hubiera gritado algo muy selecto, hablando engrámicamente, como: "¡Tranquila! ¡Tranquila! ¡Oh, mi vida, siempre pasa lo mismo! ¡Vete! ¡Vete!". Algo que mamá tenía guardado como algo apropiado que hacer o decir, engrámicamente, cuando los perros muerden a las hijas.

Tenemos aquí lo que equivale a un *pensamiento de identidad* (igual a) por sugestión posthipnótica. Todos los percépticos igual a todas las palabras igual a un perro igual a mamá igual a vete, etcétera, etcétera, etcétera, y todo es igual a todo y a cualquier

---

7. **endocrino:** relacionado con la secreción de hormonas (sustancias químicas) de ciertos órganos y tejidos del cuerpo. Algunos de estos órganos aumentan la presión sanguínea y el ritmo cardíaco durante momentos de estrés.

8. **Key-in:** literalmente "llave", es un pequeño aparato manual para abrir, cerrar o intercambiar contactos electrónicos; *key-in* se utiliza aquí para describir a un engrama latente que se ha activado y que ahora está conectado.

parte de cada una de estas cosas. ¡No es extraño que nadie pudiera computar a un loco! Es irracionalidad de lujo. Literalmente, esta computación de pensamiento de *identidad* no tiene sentido. Pero son datos de supervivencia y más vale obedecerlos, o dolerá la mejilla, dolerá la cabeza y en los codos aparecerá una "dermatitis"[9] permanente.

Pero recuerda que este engrama tenía también, como etiqueta, anatén: el grado exacto de anatén presente durante ese momento. El analizador es un mecanismo delicado, pero es también, evidentemente, un órgano físico, probablemente los lóbulos pre-frontales, y la sensación orgánica incluye muchas cosas. La reestimulación produce esta situación: "Desconectar analizador". "Mente reactiva a células. Perro con etiqueta roja a la vista. Desconectar analizador. Esta es una situación de prioridad. Eso es todo".

El grado de anatén dista mucho de ser igual al del original en el engrama, pero es suficiente para producir un estado reducido de la capacidad de analizar; en realidad, una cordura reducida. Muchas veces el sujeto sólo tiene una sensación de confusión mental embotada y estúpida, una especie de emoción muda, no razonada y no identificada, que parece dejar aturdido el pensamiento. ¡Estás en un lío! Así llegamos a una situación que empieza a acercarse a un determinismo de estímulo-respuesta. El engrama que ha tenido el key-in puede, cuando el individuo está un poco anatén (fatigado, enfermo, somnoliento), actuar mediante estímulo-respuesta. Dile a un sujeto ligeramente anatén la palabra clave que se encuentra en uno de sus engramas, y podrás observar una de las reacciones de ese engrama. Usa el estímulo con suficiente fuerza y se llevará a cabo una dramatización completa: *¡volverá a representar* la situación original!

Así es el banco de "memoria" de etiquetas rojas de la mente reactiva. El descubrimiento de este banco es uno de los varios descubrimientos originales de Dianética. Muchas partes de Dianética pueden encontrarse, aunque mal valoradas, en antiguas escuelas filosóficas o en el ejercicio moderno, pero quedan unas

9. **dermatitis:** inflamación de la piel que tiene como resultado enrojecimiento, inflamación, picores y otros síntomas.

cuantas facetas totalmente nuevas que no se han aprendido antes. Este banco de etiquetas rojas es un asunto muy especial y bastante diferente, en cuanto a composición, contenido y circuitos, a los bancos analíticos, que son bancos conscientes que contienen datos que se pueden "recordar".

No es difícil encontrar la razón de que nunca antes se descubriera este banco. El contenido del banco de etiquetas rojas se implantó cuando el analizador estaba fuera de circuito: inconsciente. Por lo tanto, está situado muchas capas por debajo de la conciencia de la que sí eres consciente, en el estupor de un impacto físico con pérdida de consciencia. Cuando uno intentaba llegar a él mediante hipnosis o narcosíntesis, se enfrentaba a un paciente que simplemente tenía la apariencia de haber recibido un impacto causante de pérdida de consciencia, y que no respondía a nada. Como la narcosíntesis y la hipnosis tienen un dejo de sueño, el sueño más profundo resultante de todo el conjunto de todos los impactos causantes de pérdida de consciencia del pasado durante toda una vida, hacen que el paciente quede totalmente insensible, aun cuando se estuviera justo encima del banco reactivo. Fue así como este banco permaneció oculto y desconocido. Y es algo muy triste, porque si uno desconoce la existencia de este banco, el problema de la imperfección del hombre, su demencia, sus guerras, su infelicidad, pueden continuar sin solución o engrosar las filas de los que acuden al chamán o al neurocirujano. De forma mucho más amplia, puede decirse que el carácter oculto de este banco es responsable de la conducta irracional de toda la humanidad. ¿Y cuántas vidas ha costado eso en los últimos cuatro mil años?

Es un tipo peculiar de banco. Es el *único* banco de la mente humana del que se puede eliminar cualquier contenido. Todo su contenido es dolor e inconsciencia. Y sólo el dolor físico puede borrarse de la mente. Ahora, ¿no dirías que es un tipo peculiar de banco? Ahí está, cargado de datos de supervivencia que son de alta prioridad pero falsos. Ahí está, lleno de experiencias que, por la manera en que están archivadas pueden conducir a un hombre al suicidio u otra locura. Ahí está, con todos sus recuerdos listos para tomar los controles motores del cuerpo sin tan siquiera pedir permiso al analizador capaz de percibir conscientemente, para hacer que un hombre corra como loco hasta que caiga por un fallo del corazón. Ahí está, capaz de transformar la estructura perfecta del cuerpo en una cosa de pesadilla, con un rostro semejante al de un feto y con extremidades deformes y subdesarrolladas. Ahí está, listo para crear todo lo que conocemos como enfermedad física, o al menos predisponerla; posiblemente incluso el cáncer. Ahí está, llenando hospitales, manicomios y cárceles. ¡Y sin embargo, es la única porción de la memoria humana que puede modificarse y cambiarse!

¿Cuál es el valor de algunas de las antiguas filosofías si la única "memoria" que se puede reducir es la de dolor?

Prueba cualquier técnica que quieras en un recuerdo agradable o incluso uno pasajero de uno de los bancos conscientes. Permanecerá allí, indeleble; especialmente los placenteros. Pero un "recuerdo" en el banco de etiquetas rojas, cuando se trata adecuadamente con la técnica de Dianética, desaparecerá por completo de ese banco. Se rearchivará como recuerdo en uno de los bancos de nivel consciente; y como tal, por cierto, es extremadamente difícil de localizar (por ejemplo, lo que cenaste el 2 de junio cuando tenías dos años de edad), y cuando se encuentra, tiene la etiqueta de "datos considerados antisupervivencia, no se permite que estos u otros datos similares entren en ninguna computación fundamental". Y cuando se trata uno de estos "recuerdos" inconscientes, produce después más o menos la misma respuesta emocional que un chiste ligeramente divertido.

El banco de etiquetas rojas podría causar que se instalen circuitos que parezcan demonios y suenen como demonios. Podría ocluir una parte del banco consciente o todo él de manera tan completa que parezca que el pasado no existe. Podría mandar y dar órdenes a una persona, igual que un idiota podría controlar a un robot. Sin embargo, el banco es perecedero. Y se le puede desintensificar y rearchivar, con el consiguiente gran aumento de las probabilidades de supervivencia de una persona. Todo su contenido es contrario a la supervivencia. Cuando ya no existe, la supervivencia se mejora demostrablemente: y eso es exactamente lo que sucede, y se puede comprobar en un laboratorio clínico con un experimento del tipo de "¿Es esto agua?".

Los recuerdos de placer pueden atacarse con diversas técnicas. Pero son fijos. No se mueven. Rearchiva los recuerdos reactivos, y salta a la vista toda la vida consciente del individuo, brillante y clara, sin sufrir modificaciones por los circuitos de desviación que constituyen la demencia. Reduce el banco reactivo, y sale a la vista la mente óptima para el individuo. El banco reactivo no era ni el impulso ni la personalidad del individuo: estos son indelebles e inherentes.

Y sucede otra cosa. Los circuitos de desviación y el banco reactivo, aparentemente, están colocados sólo entre los bancos conscientes y el analizador. No están, por ejemplo, entre la oreja y el archivo sónico en el banco consciente, o entre el ojo y el archivo visual, etc. Este es un descubrimiento muy importante por derecho propio, ya que significa que, por ejemplo, una aberración, relacionada con la incapacidad de oír, no evitaba que se archivara todo sonido; una aberración sobre la incapacidad de ver colores no evitaba que se archivara todo el color. Elimina el circuito reactivo que evitaba la observación, y el analizador se encuentra en posesión de bancos completos de material que nunca supo que tenía, todo ello con el correspondiente sonido, color, etc.

Por ejemplo, se lleva a través de la terapia a un hombre que supone que todo el mundo es feo y sórdido. La aberración que hizo que el mundo le pareciera feo y sórdido se desintegra cuando el engrama o los engramas que la producían pierden su intensidad y se rearchivan. El circuito de desviación que estos engramas hicieron que se instalara *no* impidió que se hiciera un registro completo y exacto por medio de todos los conductos sensoriales. Por lo tanto, cuando se le permite al analizador penetrar en los archivos, el individuo descubre que tiene innumerables experiencias placenteras que, cuando ocurrieron, le parecieron feas y sórdidas, pero que ahora son radiantes.

Esto supone otra circunstancia que es interesante, aunque no vital para Dianética. Evidentemente, los bancos estándares de memoria de la mente no están llenos de recuerdos que sean entidades capaces de ejercer por la fuerza determinismo sobre el individuo. No son reestimulados automáticamente por la percepción de algo que los sugiere en el entorno. De ninguna manera están conectados a circuito alguno de forma permanente. Están llenos de conclusiones, y el analizador puede tomar viejas conclusiones o crear conclusiones nuevas que cambien a las antiguas. En otras palabras, *el banco estándar está a las órdenes del analizador y del individuo; el individuo no está a las órdenes de los bancos estándares.*

En resumen: no existe el condicionamiento. El condicionamiento está muy bien para las ratas, los perros y los gatos. Estos funcionan mediante el banco de tipo reactivo. Por lo tanto, aquello a lo que ordinariamente nos referimos como condicionamiento, en realidad es una orden engrámica establecida en un momento específico. Esto es fácil de demostrar en pruebas clínicas. Digamos que el condicionamiento de toda una vida en un individuo, por ejemplo, de comer con el cuchillo, desaparece en el momento en que se desintensifica la orden engrámica que lo exige.

Esto no es teoría, sino realidad: En ausencia de engramas, el condicionamiento no existe ni puede existir. El condicionamiento se puede eliminar, y así permanecerá. Hay, pues, dos elementos en juego: La mente reactiva ordena ciertas acciones y estas pueden alterarse mediante la desintensificación de los engramas. El analizador puede instalar y coordinar ciertas respuestas automáticas para diversas situaciones y acciones mecánicas. Llamemos a la exigencia de la mente reactiva "hábito"; y al requerimiento analítico, "pauta de entrenamiento". Hay hábitos: estos se pueden eliminar. Hay pautas de entrenamiento: estas sólo se pueden alterar con el consentimiento del analizador, es decir, del individuo. Prácticamente todas las pautas de supervivencia que en verdad llevan a la supervivencia están establecidas a nivel analítico. Las reacciones a las que se entrega la gente y que son contrarias a la supervivencia, están establecidas a nivel reactivo.

Por lo tanto, el término "condicionamiento" también se puede dejar a un lado. El analizador, funcionando sin que los engramas se lo impidan, puede establecer o retirar pautas de entrenamiento a voluntad. La mente reactiva puede establecer órdenes que constituyen hábitos, sólo cuando el mundo exterior implanta tales órdenes cuando no hay pleno poder analítico. Dianética puede romper hábitos simplemente descargando los engramas que los ordenan. Dianética sólo podría cambiar una pauta de entrenamiento si el individuo accediera a ello.

Estos descubrimientos fueron una prueba más de que el hombre es un individuo autodeterminado. Una investigación posterior condujo a otro resultado: que aunque el banco reactivo estaba sujeto a un determinismo exterior, este determinismo era una variable en el individuo. En otras palabras, el determinismo ocasionado por el dolor tenía un efecto variable. La introducción del mismo engrama en tres personas diferentes podría producir tres reacciones diferentes. El hombre es un organismo tan profundamente autodeterminado que tiene una reacción variable a todos los intentos de determinismo. La investigación puso de manifiesto el hecho de que el hombre podía ejercer su poder de elección sobre el banco reactivo, si bien de una manera limitada. Tenía cinco maneras de ocuparse de un engrama: podía atacar al engrama y a su equivalente en el mundo exterior; podía huir del engrama y de su equivalente; podía evitar el engrama y a su equivalente; podía ignorar al engrama y a su equivalente, o podía sucumbir a él. Hasta cierto punto, el individuo es autodeterminado dentro de este grupo de reacciones. Y estas son las reacciones que usa ante cualquier problema peligroso y contrario a la supervivencia.

En el lenguaje de Dianética, por cierto, estas reacciones se conocen como el "mecanismo de la pantera negra". Imagina que hay una pantera negra sentada en las escaleras. Existen cinco formas en que alguien que está en la sala de estar y que desea ir al piso de arriba puede manejar la situación: podría atacar a la pantera; podría huir de ella; podría evitarla saliendo y subiendo por el enrejado del porche (o engatusar a la pantera para que se quite de ahí, como otro medio de evitarla); podría simplemente negarse a admitir que es una pantera negra y tratar de subir de todas maneras; o podría quedarse ahí tumbado, paralizado por el miedo, a esperar a que la pantera se lo coma tranquilamente sin causarle mucho dolor, o que tan sólo se aleje porque no le gustan los cadáveres. (Parálisis de miedo, negación de peligrosidad).

Ahora bien, el analizador no se ocupa de los recuerdos a nivel consciente (banco estándar) de esa forma. El analizador evalúa el

"Tenía cinco maneras de ocuparse de un engrama: podía atacar al engrama y a su equivalente en el mundo exterior; podía huir del engrama y de su equivalente; podía evitar el engrama y a su equivalente; podía ignorar al engrama y a su equivalente, o podía sucumbir a él. Hasta cierto punto, el individuo es autodeterminado dentro de este grupo de reacciones. Y estas son las reacciones que usa ante cualquier problema peligroso y contrario a la supervivencia... En el lenguaje de Dianética, por cierto, estas reacciones se conocen como el 'mecanismo de la pantera negra' ".

presente y el futuro sirviéndose de la *experiencia* y la *educación del pasado*, agregando *imaginación*. El banco estándar se usa para computación, no para reacción emocional, culpa, autodenigración, etc. Los únicos datos válidos son aquellos que están en el banco estándar, y en su búsqueda del éxito, la felicidad, el placer o cualquier finalidad deseable, o simplemente en el arte de la contemplación, el analizador debe tener información y observación fiables. Utiliza la memoria, conclusiones sacadas de la experiencia y conclusiones sacadas de sus conclusiones, y computa de diversas maneras para obtener respuestas correctas. Evita un dato falso como si fuera una maldición, una vez que sabe que es falso. Y está reevaluando constantemente los archivos de memoria para reformar sus conclusiones. Cuanta más experiencia tenga, mejores serán sus respuestas. La mala experiencia son datos excelentes para la computación, porque introduce el nivel de necesidad[10]. Pero el analizador *no puede* computar datos reactivos, los "recuerdos inconscientes" que no puede alcanzar y que ni siquiera sabe que están ahí.

Así pues, estos "recuerdos" reactivos no son en absoluto recuerdos según lo que entendemos por *recuerdo*. Son otra cosa. Nunca se pretendió que fueran recordados a nivel analítico, ni que fueran analizados en forma alguna. El analizador, al tratar de eludir ese banco de etiquetas rojas, establece algunos circuitos cuya duplicación sería todo un reto para un Goldberg. El analizador trata de alcanzar sus propios bancos de nivel consciente. Si no puede, no dará respuestas correctas. Si el analizador continúa recibiendo material extraño y aparentemente carente de base, que sin embargo contiene dolor para obligar a su aceptación, puede obtener respuestas muy erróneas. Y el cuerpo estructural puede fallar. Y los motivos fallan. Y alguien inventa frases como "Errar es humano".

No, los "recuerdos" reactivos no son recuerdos. Así que les denominamos con un buen término médico, *engramas* (un rastro perdurable), y modificaremos la definición en lo que respecta a "perdurable". Sin duda eran bastante perdurables antes de Dianética.

---

10. **nivel de necesidad:** el grado en que un individuo siente la necesidad de seguir un determinado curso de acción.

Podemos presuponer que el engrama se recibe a nivel celular. El engrama es un recuerdo celular que hacen las células y que se almacena en las células. No ahondaremos más en esto, porque en este momento no deseamos entrar en los problemas de la estructura. Pero podemos demostrar a satisfacción de cualquiera que el banco de la mente reactiva se encuentra aparentemente en el interior de las propias células, y no es parte de los bancos de la mente humana, que están compuestos, suponemos, por células nerviosas. Los engramas se encuentran en cualquier clase de células en todo el compuesto. Para existir, no dependen en absoluto de la estructura nerviosa. La usan y hacen presa de ella, como sabemos. Así que no estamos hablando de recuerdos cuando hablamos de engramas. Estamos hablando de registros celulares del orden de los discos fonográficos, registros de olores, registros de sensaciones orgánicas, todos ellos muy exactos. Y cuando decimos "mente reactiva", no estamos hablando de ninguna parte especial del cuerpo, sino de un método amalgamado e idiota a nivel celular de recordar y computar. Algún día, puede que alguien corte un trozo de cerebro y grite: "¡Eureka, esta es la mente reactiva!". Es posible. Pero permaneciendo con nuestra computación funcional, podemos darnos buena prisa y obtener resultados útiles. Y por lo tanto, no necesitamos saber dónde se encuentra la mente reactiva. Y no nos interesa saber nada sobre la estructura exacta de sus bancos. Todo lo que queremos saber es lo que hacen.

El engrama reactivo se introduce con dolor cuando la mente analítica está más o menos fuera de circuito. El engrama *no* se registra en los bancos de nivel consciente. Entra a nivel celular, justo como si las células que componen el cuerpo, reconociendo de pronto que el organismo está en claro peligro de perecer, echaran mano de los datos en un esfuerzo desesperado por salvarse exclusivamente a sí mismas. Pero los datos que consiguen no son desordenados. Son de lo más terriblemente precisos, de lo más alarmantemente literales. Son exactos. *Tubo* significa "tubo", en todas las formas en que el sonido "tubo" pueda significar "tubo".

Una vez recibido, este engrama puede permanecer aletargado, inactivo. Se necesita una experiencia ligeramente similar, a nivel consciente, para ponerlo en movimiento. Este momento de key-in evidentemente rearchiva el engrama dentro de los bancos de etiquetas rojas y lo dota de expresión. Las palabras del engrama cobran sentido. Las percepciones se conectan a los órganos sensoriales. El engrama está ahora en su sitio. Después de esto, se puede reestimular con mucha facilidad. Las células son ahora capaces de conducir desde el asiento trasero[11].

Con engrama queremos decir, únicamente, la impresión real (como las hendiduras en un disco[12]) de la experiencia "inconsciente" sobre el cuerpo.

Bien, estos son los descubrimientos. Una vez hechos, era necesario averiguar cómo se podían aplicar.

---

11. **desde el asiento trasero:** interferencia en asuntos desde una posición subordinada. Tiene su origen en la práctica de un pasajero de un coche de ofrecer al conductor consejos que este no ha pedido, advertencias, críticas, etc., especialmente desde el asiento trasero.
12. **disco:** referencia a un disco fonográfico que contiene surcos.

EL DESARROLLO DE LA TÉCNICA

CAPÍTULO DIEZ

EL DESARROLLO DE LA TÉCNICA

EL HOMBRE, SEGÚN HABÍAMOS postulado (y sin duda funciona), está obedeciendo la orden básica ¡SOBREVIVE! Esta es una orden dinámica. Exige acción. Al revisar el propósito de que se obedezca esta orden, se necesitaron numerosas computaciones. Sobrevive. Bien, la primera y muy obvia respuesta es que el hombre sobrevive como organismo unitario. Una computación muy completa sobre esto (unas doscientas mil palabras), reveló el hecho de que a pesar de que todo en el universo se podría explicar mediante unas cuantas manipulaciones engañosas de la lógica, en cuanto a la supervivencia personal, el asunto era difícil de manejar y no funcionaba. Queremos que las cosas funcionen. Esto es ingeniería, no un estudio sin propósito. Tenemos una meta definida. Así que veamos si el hombre está a favor del hombre.

Se *puede* computar toda la razón de la supervivencia del organismo hasta llegar a este único esfuerzo: la supervivencia de la humanidad contemporánea. La única razón de que un organismo unitario sobreviva es permitir que sobreviva toda la especie humana. Pero eso no funciona bien.

Ahora, tomemos un grupo, al que asignaremos simbiontes[1]. Presupongamos que el organismo unitario sobrevive totalmente para el grupo. De nuevo puede hacerse una computación que explique todo en relación con el grupo. El grupo es la única razón,

---

1. **simbiontes:** organismos, personas, grupos, etc., que viven en una relación de interdependencia o mutuamente beneficiosa. El átomo depende del universo, el universo del átomo.

dice esta computación. Es difícil de usar, pero no hay nada de malo en ella.

Muy bien, tratemos de reducirlo todo al sexo. Y todavía se puede computar perfectamente, aunque sigue siendo un tanto difícil de manejar. La razón de que el hombre sobreviva como unidad es para disfrutar del sexo y crear la posteridad. Pero requiere un número enorme de manipulaciones pesadas y fastidiosas de lógica que a nadie le gustarían.

Al investigar la mente –acercándose al objeto que se está estudiando y examinándolo de verdad, en vez de discutir airadamente y citar autoridades–, se descubrió que existía un equilibrio aparente sólo cuando *los cuatro impulsos* estaban todos más o menos en vigor. Cada uno daba un buen resultado en la computación; pero si se toman como meta cuádruple, entonces se equilibran. La computación se hace muy sencilla. El comportamiento empieza a tener buen aspecto. Usando los cuatro, podemos hacer predicciones.

Ahora viene la prueba. ¿Podemos usarlo? ¿Funciona? Así es. Los engramas se interponen a estos impulsos. Estos engramas tienen su propia energía, una sobrecarga de polaridad[2] invertida que inhibe los impulsos sobre los que se encuentran. Esto es muy esquemático, pero tiene sentido y lo podemos usar en la terapia. Un período inconsciente que contenga dolor físico y un antagonismo imaginario o real hacia la supervivencia, reduce, obstruye o impide el flujo de la fuerza impulsora. Cuando empiezan a acumularse estos impedimentos a un impulso, se observa que este disminuye notablemente.

Ahora vayamos a la aritmética. Hay una buena razón para usar el número cuatro. Hay cuatro impulsos. Hay cuatro niveles de tono físico. Si el agregado de fuerzas impulsoras de un hombre se considera como cuatro, y su fuerza mental reactiva reestimulada (ya sea de forma aguda o crónica) es lo bastante elevada para reducir esa fuerza total a menos de dos, *el individuo está demente.* Considerando el hecho de que un engrama puede reestimularse

---

2. **polaridad:** la cualidad o condición de un cuerpo u organismo físico que manifiesta propiedades opuestas o contrastantes, como en un imán, donde un extremo es positivo y el otro negativo. Polaridad invertida se refiere a un estado en el que dos objetos, condiciones, etc., tienen fuerzas opuestas.

"Hay cuatro impulsos. Hay cuatro niveles de tono físico. Si el agregado de fuerzas impulsoras de un hombre se considera como cuatro, y su fuerza mental reactiva reestimulada (ya sea de forma aguda o crónica) es lo bastante elevada para reducir esa fuerza total a menos de dos, el individuo está demente".

en la actualidad hasta reducir esa fuerza a menos de dos, se produce un estado de demencia temporal.

Un engrama puede consistir en que papá pegue a mamá mientras la criatura está anatén. Cuando este engrama se reestimula con fuerza, es posible que la criatura, que ahora es un adulto, dramatice el incidente como el padre o como la madre, y lleve a cabo el drama completo, *palabra por palabra, golpe por golpe.*

Considerando que es probable que cuando papá pegó a mamá, papá estuviera dramatizando uno de sus propios engramas, se puede encontrar aquí otro factor que es muy interesante. Se trata del contagio. *Los engramas son contagiosos.* Papá tiene un engrama. Pega a mamá hasta ponerla en anatén. Ahora ella tiene un engrama de él, palabra por palabra. La criatura estaba en anatén; quizá lo habían apartado de una patada y estaba inconsciente. La criatura es parte de los percépticos de mamá para ese engrama. Mamá dramatiza el engrama en la criatura. La criatura tiene el engrama. Lo dramatiza en otra criatura. Al llegar a la edad adulta, el engrama se dramatiza una y otra vez. Eso es contagio.

¿Por qué degeneran las sociedades? Una raza llega a un lugar nuevo. Nueva vida, pocos reestimuladores (un reestimulador es el equivalente en el entorno del contenido de percépticos del engrama) y un alto nivel de necesidad, lo que significa un elevado impulso. La raza prospera en el nuevo territorio. Y entonces comienza este contagio, ya presente de antemano, que se trajo en parte del entorno anterior. Y se puede observar la espiral descendente.

El tener un engrama pone a una persona en estado de ligero anatén. Y en ese estado, puede recibir con más facilidad nuevos engramas. Los engramas conllevan dolor físico (*psicosomáticos*[3]) que reduce el tono general y produce más anatén. Y en una espiral rápidamente descendente, el individuo decae.

Estas fueron las computaciones que se obtuvieron mediante estudio e investigación. Ahora se trataba de hacerlas funcionar.

---

3. **psicosomáticos:** sensaciones, dolores o molestias corporales que proceden de la mente. Viene de *psycho* (mente) y *somatic* (cuerpo).

Si no funcionaban, tendríamos que hacer cambios y buscar nuevos principios. Pero lo antedicho funciona.

Pero fue difícil hacer que empezara a funcionar. No había forma de saber cuántos engramas podría tener un paciente. Ahora podíamos sentirnos optimistas. Después de todo, había ahí una computación bastante buena, cierto conocimiento de la naturaleza de la magia negra, y tal vez fuera posible producir un "Clear" (condición de funcionamiento óptimo del analizador) en casi cualquier paciente. Pero el camino estaba lleno de obstáculos.

Se desarrollaron varias técnicas, y todas ellas produjeron un alivio comparable a un par de miles de horas de psicoanálisis. Pero eso no era suficiente. Podían producir resultados mejores que el hipnoanálisis y con mayor facilidad. Pero eso no nos llevaba al otro lado del río.

Descubrí los candados. Un *candado* es una situación de angustia mental. Depende para su fuerza del engrama al que acompaña. El candado es más o menos conocido por el analizador. Es un momento de fuerte reestimulación de un engrama. Al psicoanálisis podría considerársele un estudio de los candados. Descubrí que cualquiera de mis pacientes tenía miles y miles de candados, suficientes para mantenerme ocupado para siempre. La eliminación de los candados alivia. Incluso reduce enfermedades psicosomáticas, a veces. Produce más resultados que todo lo que se conocía hasta ahora, pero no *cura*. Eliminar los candados no devuelve al individuo todos sus poderes mentales, ni su memoria auditiva, visual, olfativa, gustativa u orgánica, ni su imaginación. Y no aumenta precisamente su coeficiente de inteligencia[4]. Yo sabía que aún estaba lejos del analizador óptimo.

Fue necesario ir para atrás en la vida de los pacientes buscando engramas verdaderos, con anatén total. Se encontraron muchos. Se encontró que algunos se liberaban cuando se llevaba al paciente hacia atrás en el tiempo hasta ellos y se le hacía repasarlos una y otra vez, percéptico por percéptico. Pero también había engramas que no se liberaban, y debían liberarse si la computación original era correcta. La computadora óptima debe analizar

---

4. **coeficiente de inteligencia:** un número al que se llega por medio de tests de inteligencia y pretende indicar la inteligencia de una persona.

los datos con que funciona, y una vez que se le hacen notar los datos falsos y los investiga, su sistema de autocontrol debería rechazar automáticamente esa falsedad.

Me preocupó el hecho de que un engrama no se liberara; o la idea básica de que el cerebro era una computadora perfecta estaba equivocada o... hm-m-m. Antes de que pasara mucho tiempo, se encontró que era necesario localizar el primer instante de cada percéptico antes de que el engrama posterior se eliminara. Eso parecía tener un orden. Al conseguir el primer dolor asociado con, por ejemplo, una rueda chirriante de tranvía, las ruedas de otro tranvía posterior no presentaban problemas, aun en engramas severos. La computadora perfecta no vencía el corto circuito del nivel 256, si el mismo circuito tenía otro cortocircuito en el nivel 21; pero al eliminar el corto-circuito (los datos falsos) donde apareció por primera vez, la computadora fácilmente podía encontrar y corregir los errores posteriores.

Entonces empezó la búsqueda más persistente posible para encontrar el engrama más antiguo en cada paciente. Era un trabajo loco. Muy extraño.

Un día me encontré con un engrama completo de nacimiento en las manos. Al principio no sabía lo que era. Después apareció la fraseología del médico. Estaba el dolor de cabeza, las gotas para los ojos... ¡Eh! ¡La gente puede recordar el nacimiento, cuando se la lleva hacia él de forma adecuada! ¡Ajá! El nacimiento es el engrama más antiguo. Todos tenemos un nacimiento. ¡Todos seremos Clear!

¡Ah, si hubiera sido cierto! Todo el mundo tiene un nacimiento. Y, créeme, el nacimiento es toda una experiencia, muy engrámica y muy aberrativa. Causa asma, vista cansada y somáticos[5] en abundancia. El nacimiento no es algo fácil, y la criatura a veces está furiosa, a veces apática, pero sin duda está registrando; sin duda es un ser humano con una buena idea de lo que está sucediendo cuando no está anatén. Y cuando el engrama aparece, él sabe analíticamente todo al respecto. (Y él puede dramatizarlo si es médico, o ella puede dramatizarlo si es madre. ¡Guau!, aquí

---

5. **somáticos:** dolor físico, incomodidad, emociones o sentimientos indeseados que provienen de un engrama.

"*Todo el mundo tiene un nacimiento. Y, créeme, el nacimiento es toda una experiencia, muy engrámica y muy aberrativa*".

hay mucha información. Información candente). Pero el nacimiento no es toda la respuesta. Pues la gente no se hacía Clear, ni
dejaba de tartamudear, ni de tener úlceras, ni de estar aberrada,
ni dejaba de tener circuitos demonio cuando se liberaba del nacimiento. Y a veces no se liberaba del nacimiento.

Esto último fue suficiente para mí. Teníamos un axioma:
Encuentra el engrama más antiguo. ¿Sabes dónde termina? *¡Veinticuatro horas después de la concepción!* Por fortuna, no en todos los
casos. Algunos casos tardaban hasta cuatro días en recibir el primer engrama después de la concepción. El embrión sufre anatén
con facilidad; es evidente *que hay un anatén celular.*

Ninguna declaración tan drástica como esta –tan lejana a toda
experiencia anterior– puede aceptarse con facilidad. No tengo
explicación para la estructura involucrada; sin embargo, para tener
una idea clara de la función desde el punto de vista de la ingeniería,
no es indispensable de momento explicar la estructura. Lo único
que yo buscaba era un proceso técnico con el cual se pudieran
eliminar las aberraciones y se restaurara por completo la capacidad
de la mente para computar. Si ese proceso implicaba la aceptación
provisional de que las células humanas adquieren conciencia en
forma de engramas celulares en un período tan corto como un día
o dos después de la concepción, entonces esa proposición puede y
debe aceptarse en lo que a nosotros respecta. Si hubiera sido necesario retroceder a través de dos mil años de memoria genética, yo
aún estaría retrocediendo en busca de ese primer engrama; pero
por fortuna, no hay tal memoria genética. Sí hay, en cambio, algo
que la mente del individuo considera como engramas prenatales.
Y cualquiera que lo desee puede discutir su realidad objetiva; la
realidad subjetiva de estos engramas está más allá de la discusión:
tanto así, que el proceso funciona única e *invariablemente cuando*
aceptamos la realidad de esos recuerdos prenatales. Estamos buscando un proceso que cure aberraciones, no una explicación del
universo, la función de la vida o alguna otra cosa. Por lo tanto,
aceptamos como postulado que funciona (porque funciona) que
*los engramas prenatales se registran hasta veinticuatro horas después de
la concepción.* La realidad objetiva se ha comprobado hasta donde
lo permitieron el tiempo y lo limitado de los medios. Y la realidad

objetiva de los engramas prenatales es evidentemente muy válida. Cualquier psicólogo puede comprobarlo si conoce la técnica de Dianética y puede encontrar un par de gemelos a los que se separó al nacer. Pero aun si hay discrepancias, persistiría el hecho de que *no se puede* rehabilitar a los individuos a menos que se acepten los engramas prenatales.

¿Qué le sucede a una criatura en la matriz? Los hechos más comunes son accidentes, enfermedades... *¡e intentos de aborto!*

Llamemos a esto último AA (del inglés *a*ttempted *a*bortion). ¿De dónde proceden las úlceras de la gente? Por lo general de la matriz: AA. Hay un registro de todas las percepciones hasta la última sílaba, material que puede dramatizarse por completo. La parte principal que demuestra esto es que al liberar el engrama de un incidente de ese tipo, *¡se puede eliminar la úlcera!*

¿Cómo se cura el feto de todo ese daño? Pregúntale a un médico de aquí a veinte años. Yo tengo demasiado trabajo, y eso es cuestión de estructura. Por el momento, todo lo que quiero es un Clear.

¿Qué es esa tos crónica? Es la tos de mamá que comprimió al bebé hasta causarle anatén cinco días después de concebirlo. Ella decía: "duele" y "ha estado pasando todo el tiempo". Y así fue. ¿Qué es la artritis? Daño fetal o embrionario.

Según se sabe ahora, un Clear puede controlar todos los fluidos del cuerpo. En un aberrado, la mente reactiva lo hace. La mente reactiva dice que algo debe ser de cierta manera, porque eso es supervivencia. A un hombre se le atrofia el brazo. Eso es supervivencia. O tiene incapacidad para ver: ceguera histérica o verdadera. Eso es supervivencia. Claro que lo es. Tiene mucho sentido. Tenía un engrama al respecto, ¿no?

¿Qué es la tuberculosis? Una predisposición del sistema respiratorio a la infección. ¿Qué es esto? ¿Qué es aquello? Ya tienes la proposición. Y funciona. Las enfermedades psicosomáticas, la artritis, la impotencia, lo que sea, desaparecen cuando se eliminan los engramas de raíz.

Esa fue la esencia del origen del proceso técnico. Al terminar la etapa de investigación, la siguiente etapa fue la aplicación real y la recopilación de datos sobre la pregunta final de máxima importancia. El proceso funcionó de manera definitiva e inequívoca. Pero la plena definición de una ciencia requiere que permita una descripción exacta de cómo producir un resultado deseado *invariablemente*. ¿Funcionaría la técnica en todos los tipos de mente y en todos los casos?

CAPÍTULO ONCE

LA APLICACIÓN

CAPÍTULO ONCE

LA APLICACIÓN

A PRINCIPIOS DE 1950, SE HABÍAN
tratado a más de doscientos pacientes; de esas doscientas personas, se habían obtenido doscientas recuperaciones. Dianética es una ciencia porque siguiendo las técnicas perfectamente prescritas para su uso y que pueden enunciarse con precisión, fundamentadas en postulados básicos enunciados con claridad, puede obtenerse en cada caso un resultado descrito de forma específica. Es concebible que pueda haber excepciones en cuanto a la técnica elaborada hasta ahora, pero traté de encontrar excepciones y no me fue posible; por eso hice pruebas a tantos casos, de tantos tipos diferentes. Y algunos de ellos eran casos realmente horribles.

¿Quién es aberrado? Cualquiera que tenga uno o más engramas. Y puesto que el nacimiento en sí es una experiencia engrámica, ¡todo ser humano que haya nacido tiene al menos un engrama!

Según el hipnotizador, lo único que el mundo entero necesita es que se le hipnotice. Simplemente implántale al hombre otro engrama artificial, aunque sea un engrama maníaco (que lo haga sentirse "grande", "fuerte" o "poderoso", más todos los demás percépticos que contenga), y estará bien. Ese es el problema básico: la reducción del autodeterminismo. Así que no usamos hipnotismo. Además, no funciona en un porcentaje elevado de casos. Si has llegado hasta aquí sin darte cuenta de que lo que tratamos de hacer es despertar al analizador, has cometido el mismo error que cometí yo durante muchos meses. Traté de trabajar en esto con hipnosis. Bien, funciona de una manera descuidada. Pero cómo poner a dormir a una persona que ya está dormida al setenta y cinco por ciento (algo normal hasta donde pude descubrir) es un problema que ojalá pudiera resolverse. Aunque por fortuna no necesita solución.

El analizador se durmió con cada engrama. Cada engrama tenía engramas candado, como él, que también eran engramas, pero que eran subsecuentes a él… Y cada cadena de engramas (de la misma especie; la gente tiene, por lo general, quince o veinte cadenas con una media de diez a quince engramas por cadena) tiene unos mil candados. Hay personas tan desafortunadas que tienen cientos de engramas. Pueden estar cuerdas. Hay otras que tienen veinte engramas y están dementes. Hay gente que vive cuerda durante años, y de repente, al entrar en el entorno adecuado, se reestimula y enloquece. Y cualquiera a quien se le haya reestimulado un engrama en su totalidad, ha estado loco (*vox populi*[1]) al menos una vez, aunque sea durante diez minutos.

Cuando empezamos a dar tratamiento a un paciente, estamos tratando a un analizador parcialmente dormido… Y el problema es despertarlo en el primer engrama y luego borrarlo… Exacto, *borrarlo;* desaparece del banco reactivo relatándolo una y otra vez con cada uno de los percépticos: todos los engramas subsecuentes. Los candados vuelan sin necesidad de tocarlos, al funcionar la doctrina del dato estable en toda su capacidad y al negarse el analizador a tolerar algo en cuanto nota que es un sinsentido. Y en cuanto recupera suficiente función mental para regresar un poco a su pasado, empieza a aliviarse. Fue entonces cuando averiguamos la trama de la mente reactiva −por qué teníamos que seguir estando aberrados− y eliminamos los demonios que trastornan los circuitos, y de inmediato llegamos al primer engrama: el *básico-básico.* Luego avanzamos relatando una y otra vez cada engrama, hasta que se elimina y se vuelve a archivar como *experiencia* y no como una *orden.*

---

1. **vox populi:** sentimiento popular o la expresión de la opinión general. *Vox populi* es una frase latina que literalmente significa "la voz del pueblo".

Un Clear tiene capacidad de recuerdo de regresión. La personalidad básica, en un aberrado, no es lo bastante fuerte para retroceder, así es que usamos lo que llamamos *reverie*[2] *de Dianética*.

Encontramos la razón de que la narcosíntesis sea tan chapucera. Reestimula del todo el engrama que está reestimulado parcialmente, y hace que todo el engrama tenga un key-in. Las drogas desconectan el somático (dolor físico) de tal modo que no desaparece del todo. Y la narcosíntesis no tiene oportunidad de retroceder lo suficiente como para llegar al básico-básico, y el engrama que alcance fingirá borrarse, y luego resurgirá en un plazo de entre sesenta horas y sesenta días.

¿Hay algo en especial que entorpezca un caso? Sí, la computación de compasión. El paciente tenía fuertes antecedentes engrámicos, luego se rompió una pierna y obtuvo compasión. A partir de ahí tiende a ir por ahí como una pierna rota (o una artritis, etc., etc.) simulada. A veces esto es difícil de resolver, pero es lo primero que debería resolverse. Hace que un paciente "quiera estar enfermo". La enfermedad, según dicta la mente reactiva, tiene un alto valor de supervivencia. Así que hace los arreglos necesarios para que el cuerpo esté enfermo, muy enfermo. Por lo general, los aliados son abuelas que protestaron en contra de que se abortara a la criatura (después de que se hiciera el intento, con la criatura escuchando, sin conocer las palabras en ese momento, aunque las sabrá cuando aprenda sus primeras palabras), las enfermeras que fueron muy amables y los médicos que regañaron a mamá, etc. Por lo general el paciente tiene una enorme carga[3] de desesperación en torno a la pérdida de un aliado. Eso entorpecerá el caso.

Hemos dejado totalmente de lado la manera en que esto se relaciona con la psicología moderna. Después de todo, la psicología tiene etiquetas para muchos estados observados. ¿Qué sucede con la esquizofrenia, por ejemplo?

Es una *valencia*[4]. Un aberrado tiene una valencia de cada persona de cada engrama. Básicamente tiene tres: él, mamá y papá.

---

2. **reverie:** un ligero estado de "concentración" que no se debe confundir con la hipnosis; en reverie, la persona está por completo consciente de lo que está sucediendo en el presente.
3. **carga:** envolvimiento, como de una emoción; por ejemplo: de desesperanza.

Todo engrama tiene personajes como una obra teatral. Una valencia se crea en la mente reactiva y construye un compartimento, absorbiendo parte del analizador, que la reestimulación hace que deje de funcionar. En cualquier aberrado, es común la valencia múltiple. La valencia de todo aberrado cambia día a día, según con quién se encuentre. Él trata de adoptar la valencia más deseable en toda dramatización engrámica. Tomar esta valencia es la máxima computación de supervivencia que puede hacer la mente reactiva: ganar siempre. Si interrumpes la dramatización, empujas al paciente a otra valencia. Si le obligas a ser él mismo en ese engrama, es probable que caiga en anatén o enferme. Si continúas interrumpiendo sus dramatizaciones, sufrirá un desajuste mental.

¿Quiénes practicarán Dianética? En casos graves, los médicos. Estos están bien formados en el arte de curar; siempre están siendo bombardeados con problemas psicosomáticos y mentales. El médico, como el ingeniero, tiene cierta necesidad de obtener resultados. Hay varios métodos de alivio que pueden funcionar en unas pocas horas, pueden ayudar a eliminar una enfermedad crónica en un niño, cambian valencias, cambian la posición de una persona en la línea temporal (las personas quedan atrapadas en varios lugares en donde la orden dice que queden atrapadas), alteran los modelos de dramatización, y, en general, ayudan al aberrado enfermo.

Sin embargo, es probable que a los casos generales (personas psicóticas, neuróticas o tan sólo que no funcionan de forma óptima), los atiendan personas inteligentes y con buena disposición hacia sus amigos y familiares. Conociendo todos los axiomas y mecanismos, es fácil aplicar Dianética al individuo más o menos normal, y se pueden aliviar sus oclusiones, resfriados, artritis y otros males psicosomáticos. Se puede usar también para impedir que ocurran aberraciones, e incluso se puede aplicar para determinar las reacciones de otras personas. Aunque los fundamentos y los mecanismos son sencillos y, con un poco de estudio, muy fáciles de aplicar, es peligroso tener sólo información parcial. La

---

4. **valencia:** en Dianética, una personalidad real o en la sombra. La valencia propia de uno es su personalidad real. Una personalidad en la sombra es uno de los personajes que hay en un engrama que ha sido asumido por el individuo. *Multivalencia* significaría *muchas personalidades*.

técnica puede ser el material del que está hecha la cordura; pero estamos, después de todo, llevando a cabo acciones contra el material que crea la demencia, y al menos deberías informarte mediante unas cuantas horas de estudio antes de ponerte a experimentar.

LA ESPERANZA PARA
EL FUTURO

LA ESPERANZA PARA EL FUTURO

HE HABLADO AQUÍ DE LA evolución de Dianética. En realidad, me he concentrado en Dianética patológica. Hay Dianética médica, Dianética dinámica (impulsos y estructura), Dianética política, Dianética militar, Dianética industrial, etc., y la no menos importante, DIANÉTICA PREVENTIVA. De esta puede depender la solución final a los problemas de la sociedad*.

Y ahora, como epílogo, se resume Dianética en su forma funcional actual. Dianética logra lo siguiente, basándose en una amplia serie de casos:

1. Dianética es una ciencia organizada de pensamiento, desarrollada de acuerdo a axiomas definidos; revela de forma evidente la existencia de leyes naturales mediante las cuales se puede causar o predecir el comportamiento del organismo o de la sociedad de manera uniforme.

2. Dianética ofrece una técnica terapéutica con la que podemos tratar todos los males mentales inorgánicos y psicosomáticos orgánicos. Produce una estabilidad mental en el paciente que ha llegado a Clear que está muy por encima de la norma actual. (Esta afirmación sigue siendo exacta; se admite que un trabajo posterior pueda demostrar que un caso en particular, en alguna parte, pueda no responder completamente).

* véase el libro *Dianética: El poder del pensamiento sobre el cuerpo*, de L. Ronald Hubbard.

3. En Dianética tenemos un método de dislocar el tiempo diferente al de la narcosíntesis o al de la hipnosis, denominado reverie de Dianética; con él, el paciente puede llegar a incidentes que hasta entonces estaban ocultos para él, borrando de su vida el dolor físico y mental.

4. Dianética nos da una visión interior de las capacidades potenciales de la mente.

5. Dianética revela la naturaleza básica del hombre y sus propósitos e intenciones, con el descubrimiento de que estos son básicamente constructivos y no son malignos.

6. Dianética nos permite apreciar la magnitud de los sucesos necesarios para aberrar a un individuo.

7. Con Dianética descubrimos la naturaleza de la experiencia prenatal y su efecto exacto en el individuo después de nacer.

8. Dianética descubrió los verdaderos factores aberrativos del nacimiento.

9. Dianética esclarece la totalidad del problema de la "inconsciencia", y demuestra de forma concluyente que no existe la "inconsciencia total", salvo en la muerte.

10. Dianética demuestra que todos los recuerdos, de cualquier clase, se registran en su totalidad y se retienen.

11. Dianética demuestra que los recuerdos aberrativos se encuentran únicamente en áreas de "inconsciencia", y que, a la inversa, únicamente los recuerdos "inconscientes" son capaces de aberrar.

12. Dianética abre amplias vías a la investigación y plantea numerosos problemas para su solución. Un campo nuevo, por ejemplo, es la subciencia de los percépticos: la estructura y la función de percibir e identificar estímulos.

13. Dianética expone la teoría de la enfermedad no causada por gérmenes, y abarca, según estimación de médicos competentes, la explicación para casi un setenta por ciento de la patología humana.

14. Dianética ofrece la esperanza de que la destrucción de la función cerebral mediante "choque" o cirugía deje de ser un mal necesario.

15. Dianética ofrece una explicación funcional de los diversos efectos fisiológicos de las drogas y las sustancias endocrinas, y señala numerosas respuestas a problemas endocrinos anteriores.

16. Dianética proporciona una explicación más fundamental de los usos, principios y bases del hipnotismo y otros fenómenos mentales similares.

17. En resumen, Dianética propone y apoya de forma experimental un nuevo punto de vista respecto al hombre y su comportamiento. Lleva consigo la necesidad de una nueva clase de higiene mental. Indica un nuevo método de enfoque para la solución de problemas que afrontan los gobiernos, las instituciones sociales, las industrias y, en resumen, cualquier cosa que el hombre trate de llevar a cabo. Sugiere nuevos campos de investigación. Finalmente ofrece una chispa de esperanza de que el hombre pueda continuar su proceso evolutivo hacia un organismo más perfecto sin desviarse hacia el peligro de su propia destrucción.

Esta es una parte de la historia de la investigación. La escribí así para ti porque tienes una mente con la cual pensar. Para publicaciones estrictamente profesionales, puedo arreglarla para que sea exacta, y así lo he hecho y lo haré. Muchos de vosotros habéis leído mis relatos durante años. Nos conocemos mutuamente. Aquí te he contado la historia tal y como sucedió, y te he entregado los resultados principales exactamente tal y como se produjeron.

La magia negra de la Tierra no resultó ser una barrera siniestra. Pero es una magia negra de todos modos. Las aberraciones sociales y personales, viajando desde los tiempos de Egipto y antes, amontonándose más y más, sólo rotas por nuevos territorios y nuevas razas híbridas.

La magia negra es la esclavitud. Los esfuerzos del hombre por esclavizar al hombre para que el hombre pueda ser libre. Ecuación

*"Allá arriba están las estrellas. Abajo,
en el arsenal, hay una bomba atómica.
¿Cuál va a ser?".*

incorrecta. Esa es la magia negra. Nosotros tenemos una palabra
mágica para romperlo, y una ciencia que aplicar.

Allá arriba están las estrellas. Abajo, en el arsenal, hay una
bomba atómica.

¿Cuál va a ser?

PIDE DIANÉTICA: LA CIENCIA MODERNA DE LA SALUD MENTAL

ENVÍO GRATUITO Y RÁPIDO • TU PEDIDO SERÁ ENVIADO EN 24 HORAS.

❏ ¡Sí! Por favor envíeme _____ ejemplares de **DIANÉTICA: La ciencia moderna de la salud mental**

$7.99 USD _____ en _____ (divisa)

Marca uno:
❏ Cheque   ❏ Giro postal   ❏ MasterCard   ❏ VISA   ❏ Discover

Tarjeta de crédito Nº _____   Fecha de expiración _____

Firma _____

Nombre _____

Dirección _____

Dirección _____ Ciudad _____

Estado o provincia _____ Zona o código postal _____

Teléfono (día) _____ Teléfono (noche) _____

Dirección de e-mail _____

Completa este impreso de pedido. Adjúntalo a tu pago en un sobre y envíalo a
Bridge Publications, Inc., 4751 Fountain Avenue, Los Angeles, California 90029 USA

Acerca de
L. Ronald Hubbard

CON MÁS DE 160 MILLONES DE ejemplares de sus obras en circulación a nivel mundial, L. Ronald Hubbard está ampliamente considerado como uno de los autores más influyentes del siglo XX. Como fundador de Dianética y Cienciología, sus sensacionales descubrimientos filosóficos han ayudado a personas de todo el mundo a entenderse mejor a sí mismos y a los demás.

"Para conocer la vida tienes que ser parte de la vida. Tienes que bajar ahí y mirar tienes que meterte en los rincones y grietas de la existencia, y debes mezclarte con toda clase y tipos de hombres antes de que puedas establecer finalmente lo que es el hombre".

A través de una búsqueda dilatada y aventurada del conocimiento, L. Ronald Hubbard hizo exactamente eso.

Su pertinaz interés en la mente humana se despertó inicialmente cuando, a la edad de doce años, estudió con el comandante Joseph C. Thompson, uno de los primeros estudiantes de psicoanálisis y el primer oficial de la Marina de Estados Unidos que estudiaba con Freud en Viena. Aunque Ronald rechazaría en última instancia la teoría Freudiana como algo que no es práctico ni funcional, no obstante llegó a una conclusión capital: "Se puede hacer algo acerca de la mente".

Prosiguiendo su búsqueda a través del Pacífico Sur hacia Asia, Ronald se convirtió en uno de los pocos americanos admitidos en las sagradas lamaserías tibetanas de las Colinas Occidentales de China. Estudió además con el último descendiente de los magos reales de la corte de Kublai Khan. Sin embargo, a pesar de toda la legendaria sabiduría de Oriente, y las ahora tierras de desgarradora pobreza y abyecta desesperación, sólo pudo concluir: "El conocimiento encerrado en libros enmohecidos es de poca utilidad para nadie, por lo tanto, carece de valor a menos que pueda usarse".

De vuelta en Estados Unidos, Ronald cursó un curso sobre ingeniería, matemáticas y física nuclear en la universidad George Washington, todas ellas disciplinas que le ayudarían con su posterior investigación filosófica. En realidad, L. Ronald Hubbard fue el primero en emplear rigurosamente métodos empíricos occidentales en el estudio de la mente y del espíritu, comenzando con su investigación universitaria en temas tan diversos como el almacenamiento de la memoria humana y la naturaleza de la estética. Con todo, aparte de una metodología básica y consecuentemente de un criterio para una investigación adicional, la universidad no ofrecía ninguna respuesta verdadera. De hecho, como escribió posteriormente: "Fue muy obvio para mí que trataba y vivía en una cultura que sabía menos sobre la mente que la tribu más primitiva con la que jamás hubiera estado en contacto". Por lo tanto, agregó: "Supe que tendría que hacer mucha investigación".

Esa investigación consumió las siguientes décadas, y su laboratorio fue el mundo. Sin acceso a cómodas "subvenciones para investigación", y sólo con la ayuda de su celebrada carrera literaria, Ron examinó veintiuna razas y culturas primitivas; desde las tribus indias del Noroeste del Pacífico y los Tagalos filipinos a los pueblos de las colinas de Puerto Rico. (Como consecuencia, también se le recuerda hoy en las listas del prestigioso Club de Exploradores de Nueva York).

La Segunda Guerra Mundial demostró ser tanto una interrupción de la investigación como otro empuje para desarrollar una verdadera tecnología de la mente humana. Los primeros procedimientos se probaron en el hospital naval de Oak Knoll, en California del Norte, donde el que entonces era teniente L. Ronald Hubbard recibía tratamiento para las heridas sufridas en combate. Sus casos de investigación eran antiguos prisioneros de los campos de concentración japoneses; hombres con quienes la ciencia médica casi se había rendido. Sin embargo, con el empleo de las incipientes técnicas de Dianética, todos y cada uno de los que Ronald trató, recuperaron la salud de forma rápida y absolutamente notable .

Con la restauración de la paz, Ronald se aprestó a hacer más pruebas sobre la funcionalidad de Dianética, y con personas de toda extracción social. Para desarrollar Dianética enteramente como una tecnología de aplicación y eficacia únicas, hizo pruebas de los procedimientos en centenares de personas.

En 1947, recogió notas de cientos de historiales de caso amontonadas durante los años anteriores de pruebas, y preparó una tesis que detallaba tanto las técnicas como la teoría subyacente. Se distribuyeron ejemplares del manuscrito a círculos de médicos y científicos, que entonces se recopiaron y pasaron con entusiasmo a los amigos. De esa manera, la tesis original de Ronald sobre Dianética tuvo una circulación inmediata y amplia. Hoy, esa tesis se publica como *Las dinámicas de la vida*. El trabajo estuvo seguido, a finales de 1949, por un artículo escrito expresamente para *El diario de los exploradores*, con el título de "Terra incógnita: La mente".

Para dar satisfacción a la verdadera inundación de lectores que venían con preguntas, se le pidió a Ronald para que escribiese un texto definitivo sobre el tema. Como resultado, a principios de 1950, comenzó a trabajar en *Dianética: La ciencia moderna de la salud mental.* Concurrentemente, como amplia introducción a Dianética para el público, y como preludio a la publicación, Ronald también escribió un artículo con el tamaño de un libro para una revista nacional americana. Ese artículo, que detallaba la evolución de su desarrollo y que proporcionaba una descripción de aplicación universal, fue *Dianética: La evolución de una ciencia.* Apareció en los kioscos en abril de 1950, y fue leído rápidamente por prácticamente todos los principales ingenieros y físicos. Lo que es seguro es que *Dianética: La evolución de una ciencia* electrizó realmente a la totalidad de la comunidad científica de Estados Unidos.

La publicación subsiguiente de *Dianética: La ciencia moderna de la salud mental* se convirtió en un acontecimiento señero incluso en la historia editorial, acaparando un amplio interés y elogio públicos. La obra llegó inmediatamente a la cabeza de la lista de bestséllers del *New York Times* y allí se quedó, semana tras semana. Se ha convertido desde entonces en el libro más ampliamente leído y usado sobre la mente humana en la historia, con casi 20 millones de ejemplares en circulación.

Hoy, Dianética es un fenómeno mundial, utilizada por millones de personas en más de 150 naciones y en más de 50 idiomas.

Las obras de L. Ronald Hubbard sobre el tema del hombre, la mente y el espíritu abarcan hoy decenas de millones de palabras publicadas y contenidas en cantidades de libros, manuscritos y más de 3.000 conferencias grabadas.

Los testimonios más grandes a la visión de Ronald son los resultados milagrosos de su tecnología, y los millones de amigos en todo el mundo que hacen avanzar su legado en el siglo XXI. Ambos continúan creciendo en número con cada día que pasa.

"Me gusta ayudar a los demás", dijo una vez, "y considero como mi mayor placer en la vida ver a alguien liberarse de las sombras que oscurecen sus días.

"Estas sombras le parecen tan densas y lo oprimen de tal manera que cuando descubre que *son* sombras y que puede ver a través de ellas, cruzarlas y estar de nuevo al sol, se siente enormemente dichoso. Y me temo que yo me siento tan dichoso como él".

"SIEMPRE ME COMPLACE TENER NOTICIAS DE MIS LECTORES"

L. RONALD HUBBARD

Estas fueron las palabras de L. Ronald Hubbard, quien siempre se interesó mucho en saber de sus amigos y lectores. Quiso permanecer en comunicación con todos los que entraron en contacto con él a lo largo de su carrera de 50 años como escritor profesional, y tuvo miles de seguidores y amigos de todo el mundo con quienes intercambiaba correspondencia.

Los representantes del autor, Author Services, Inc., desean continuar esta tradición y recibirán con gusto las cartas y comentarios de vosotros, sus lectores, tanto antiguos como nuevos.

Además, estarán encantados de enviarte información sobre cualquier cosa que desees saber acerca de Ronald, su vida extraordinaria, sus logros y el gran número de libros que escribió.

Todo mensaje dirigido al Director de Asuntos Relacionados con el Autor en Author Services, Inc. recibirá plena y rápida atención.

AUTHOR SERVICES, INC.

7051 HOLLYWOOD BOULEVARD, HOLLYWOOD, CALIFORNIA 90028, EE.UU.

authoraffairs@authorservicesinc.com

GLOSARIO

A

aberrado: afectado por la aberración: desviación del pensamiento o comportamiento racional; no cuerdo. Del latín, *aberrare:* desviarse; del latín, *ab:* lejos y *errare:* andar errante. Capítulo 2, n° 2

Adler: *véase* **Freud, Jung, Adler** en este glosario.

antiguo principio hindú: referencia a las técnicas de regresión y revivificación que se usaron en Asia durante miles de años. A diferencia de las escuelas occidentales recientes, que sostenían que la regresión sólo era posible en sujetos en trance o hipnotizados, en Asia se descubrió que esta capacidad era innata al individuo que está completamente alerta. Capítulo 8, n° 7

artefacto de lámparas: referencia a los ordenadores que existían a finales de los años 40. La lámpara se utilizó en los comienzos de forma amplia en radios, televisiones y ordenadores para crear, regular o reforzar corrientes o señales electrónicas. La parte externa de la lámpara consiste en un caparazón de vidrio o metal en forma de tubo. Dentro del caparazón, al vacío, hay filamentos y pequeñas placas metálicas, especialmente diseñados, que controlan las señales electrónicas. Capítulo 7, n° 4

atenuación: debilitamiento o reducción en fuerza, intensidad, efecto, cantidad o valor. Capítulo 9, n° 5

B

banco: almacenamiento de información, como en un ordenador, en que los datos se almacenaban antes en una pila de tarjetas que se llamaba banco. Capítulo 1, n° 1

Bedlam: un antiguo manicomio (su nombre completo es: *St. Mary of Bethlehem*) de Londres, infame el tratamiento inhumano que daba a sus internos. Capítulo 3, n° 6

C

calibrador: un instrumento de medida que tiene dos patas curvas que se pueden ajustar para determinar el grosor, diámetro y distancia entre superficies. Capítulo 2, n° 19

candado: una situación de angustia mental. Depende para su fuerza del engrama al que acompaña. El candando es más o menos conocido para el analizador. Es un momento de reestimulación severa de un engrama. Capítulo 9, n° 4

Cap Haitien: puerto marítimo en la costa norte de Haití. Capítulo 6, n° 3

carga: envolvimiento, como de una emoción; por ejemplo: de desesperanza. Capítulo 11, n° 3

catedral de Reims: famosa catedral gótica e hito principal de la ciudad de Reims, en el noreste de Francia. Capítulo 2, n° 17

censor: (en la teoría Freudiana de los sueños de la primera época) la fuerza que reprime las ideas, los impulsos y los sentimientos, y que les impide llegar a la consciencia en su forma original, sin disfraz. Capítulo 8, n° 3

chamán: sacerdote o sacerdotisa que actúa como intermediario entre los mundos natural y sobrenatural, y que usa magia para curar las dolencias, predecir el futuro y ponerse en contacto y controlar las fuerzas espirituales. Capítulo 2, n° 4

clarividencia: agudeza de la percepcion menta, claridad de entendimiento, perspicacia relativa a las cosas más allá de la imagen de la percepción ordinaria. Capítulo 8, n° 2

Clerk-Maxwell: James Clerk-Maxwell (1831-1879), físico escocés que, para ilustrar un determinado fenómeno del universo físico, inventaba un ser hipotético (o demonio) que controlaba el movimiento de las moléculas individuales de un gas y les hacía actuar de determinadas formas que él había observado. Capítulo 2, n° 10

coeficiente de expansión: en física, un cambio de volumen, área o longitud de un material que acompaña a un cambio de temperatura. Por ejemplo, en un termometro tradicional, el volumen de mercurio líquido se expande o contrae según se calienta o se enfría debido a la temperatura. La cantidad de expansión o contraction del mercurio determina la lectura alta o baja del termometro. Capítulo 7, n° 2

coeficiente de inteligencia: un número al que se llega por medio de tests de inteligencia y pretende indicar la inteligencia de una persona. Capítulo 10, n° 4

Colinas Occidentales: cadena de colinas en China, situada al noroeste de la capital de China, Pekín. La cadena es famosa por sus muchos templos, y desde hace mucho ha sido un retiro religioso. Capítulo 6, n° 4

constante: algo que no cambia o que no puede cambiar ni variar. Capítulo 2, n° 15

curación con agua: tratamiento psiquiátrico que pretende quitar los demonios de una persona, en el cual se extiendía al paciente en el suelo y entonces se le echaba agua en la boca desde cierta altura. Capítulo 3, n° 5

D

dermatitis: inflamación de la piel que tiene como resultado enrojecimiento, inflamación, picores y otros síntomas. Capítulo 9, n° 9

Dianética preventiva: véase el libro *Dianética: El poder del pensamiento sobre el cuerpo*, por L. Ronald Hubbard. Capítulo 12, n° 1

dígitos binarios de 10^{21}: binario viene de una palabra latina que significa dos a la vez. Dígitos binarios se refiere a un sistema numérico que se emplea en ordenadores y que usa sólo dos números (dígitos) 0 y 1. La frase *los dígitos binarios de 10^{21}* se refiere a una enorme cantidad de ceros y unos (1.000.000. 000.000.000.000.000 de ellos) alineados, uno tras otro, formando un número enorme. Capítulo 2, n°6

dinámico: activo, con energía, efectivo, enérgico, que motiva, en oposición a estático. Capítulo 2, n° 12

dínamo: una máquina que genera electricidad. Capítulo 2, n° 11

E

ectoplasma: en el espiritismo, la substancia gaseosa y luminosa que se supone que emana del médium durante el trance. Capítulo 4, n° 2

encefalógrafo: aparato para detectar y registrar la actividad eléctrica del cerebro. Capítulo 7, n° 3

endocrino: relacionado con la secreción de hormonas (sustancias químicas) de ciertos órganos y tejidos del cuerpo. Algunos de estos órganos aumentan la presión sanguínea y el ritmo cardíaco durante momentos de estrés. Capítulo 9, n° 7

escritura automática: escritura realizada por una persona sin su intención consciente o sin ser consciente de hacerlo, a menudo animada para hacer contacto con el inconsciente de quien escribe, descubriendo datos censurados u ocultos. Capítulo 8, n° 1

esquizofrénico: una persona con dos (o más) personalidades aparentes. *Esquizofrenia* quiere decir *tijeras* o *dos*, más *cabeza*. Literalmente: *división de la mente*, de ahí: *personalidad dividida*. Capítulo 4, n° 1

éter: un líquido incoloro que tiene un olor aromático y un gusto dulce y ardiente, usado antiguamente como anestesia por inhalación. Capítulo 9, n° 1

etiqueta roja: identificador o marca para un propòsito específico, el color rojo se ha asociado a menudo con la urgente o con situaciones de emergencia, normalmente como advertencia. Capítulo 5, n° 4

exorcista: alguien que saca espíritus malignos (de una persona o lugar) por medio de una ceremonia religiosa o solemne. Capítulo 3, n° 1

F

factor arbitrario: algo que se saca de la pura opinión; algo que es irracional o sin fundamento. Capítulo 5, n° 5

Freud, Jung, Adler: Freud, Jung, Adler: psicólogos Sigmund Freud (1856-1939), Carl Gustav Jung (1875-1961) y Alfred Adler (1870-1937). Freud funcó el psicoanálisis, y aunque Jung y Adler colaboraron con él al princpio, los dos se apartaron y fundarons sus escuelas de pensamiento independientes, ya que estaban en desacuerdo con el énfasis de Freud acerca del sexo como fuerza impulsora. Jung suponía que todos los seres humanos heredan un *inconsciente colectivo*, que contiene símbolos y recuerdos universales de su pasado ancestral, mientras que Adler pensaba que la gente está motivada principalmente por superar sentimientos de inferioridad inherentes. Capítulo 5, n° 2

G

Goldi: un pueblo que, por tradición, es de cazadores y pescadores. Habita el valle del río Amur, en la región sureste de Siberia y noreste de Manchuria. Capítulo 2, n° 3

H

heurísticamente: que se caracteriza por el uso de experimentos, evaluaciones y métodos de prueba y error. Capítulo 2, n° 1

hipnoanálisis: un método de psicoanálisis en el que se hipnotiza a un paciente para intentar conseguir datos analíticos y reacciones emocionales tempranas. Capítulo 3, n° 4

I

identidad: similitud exacta de cualidades o características, equivalente o igual. (Véase la definición de pensamiento mediante identidades en el resto del capítulo). Capítulo 9, n° 2

K

Kant: Emmanuel Kant (1724-1804), filósofo alemán, filósofo alemán que sostenía que los objetos de la experiencia (fenómenos) se pueden conocer, pero que las cosas que están más allá del ámbito de la posible experiencia no con conocibles. Las obras de Kant se consideran frecuentemente como de difícil comprensión. Capítulo 5, n° 1

Kayan: pueblo nativo de la isla de Borneo. Establecido principalmente en el río Kayan, adora a muchos dioses y practica el chamanismo. Capítulo 3, n° 8

Key-in: literalmente "llave", es un pequeño aparato manual para abrir, cerrar o intercambiar contactos electrónicos; *key-in* se utiliza aquí para describir a un engrama latente que se ha activado y que ahora está conectado. Capítulo 9, n° 8

Kublai Khan: (1216-1294), nieto del fundador de la dinastía mongol, Gengis Khan, que completó la conquista de China comenzada por su abuelo. Capítulo 2, n° 5

L

lobotomía prefrontal: una operación psiquiátrica en la que se practican agujeros en el cráneo, penetrando en el cerebro y cortando los accesos nerviosos a los dos lóbulos frontales, teniendo como resultado que el paciente se transforma en un vegetal a nivel emocional. Capítulo 3, n° 7

Lucrecio: (¿98?-55 a.C.) poeta romano que fue el autor del poema didáctico inacabado en seis tomos *Sobre la naturaleza de las cosas*, que forma un bosquejo de una ciencia completa del universo. Capítulo 2, n° 21

M

medición: el acto, proceso o arte de comparar algo con una unidad de medida. Capítulo 2, n° 18

monociclo: vehículo de una sola rueda. Capítulo 8, n° 4

N

narcosíntesis: hipnosis mediante drogas, mediante la cual un paciente recibe psicoterapia mientras está drogado y en un "sueño profundo". Capítulo 2, n° 8

neurona: una célula que transmite impulsos nerviosos y que es la unidad funcional básica del sistema nervioso; llamada también celula nerviosa. Capítulo 7, n° 1

nivel de necesidad: el grado en que un individuo siente la necesidad de seguir un determinado curso de acción. Capítulo 9, n° 10

O

óxido nitroso: un gas de olor y sabor dulzón que se usa en estomatología y en cirugía para dejar inconsciente al paciente. Capítulo 5, n° 6

P

paso con bota de siete leguas: (*figurado*) un progreso enorme, movimiento de avance significativo, como si se diera un paso de siete leguas. Tales botas, que se encuentran en un cuento de hadas, permiten cubrir siete leguas en cada paso (unos 34 kilómetros). Capítulo 6, n° 6

Pavlov: Iván Petrovich Pavlov (1849-1936) fisiólogo ruso, conocido por sus experimentos con perros. Pavlov presentaba comida a un perro, mientras que hacía sonar una campana. Después de repetir el procedimiento varias veces, el perro (anticipándose) producía saliva con el sonido de la campana, aunque no se le presentaran alimentos. Pavlov concluía que todos los hábitos adquiridos, incluso la actividad mental superior humana, dependen de reflejos condicionados. Capítulo 5, n° 3

polaridad: la cualidad o condición de un cuerpo u organismo físico que manifiesta propiedades opuestas o contrastantes, como en un imán, donde un extremo es positivo y el otro negativo. Polaridad invertida se refiere a un estado en el que dos objetos, condiciones, etc., tienen fuerzas opuestas. Capítulo 10, n° 2

postulado: una afirmación que no necesita de prueba alguna, por ser autoevidente, o que se asume que es cierta para un propósito específico. Capítulo 3, n° 9

postular: suponer que algo es cierto, real o necesario, en especial como base de un argumento o razonamiento. Capítulo 2, n° 7

Primer Movedor Inmóvil: según el filósofo Aristóteles (384-322 a.C.), la que es la primera causa de todo movimiento en el universo, que no tiene movimiento ella misma. El Primer Movedor se decía que era eterno, inmaterial e inmutable, y Aristóteles consideraba que el Primer Movedor era un pensamiento o la mente divinos, o Dios. Capítulo 2, n° 13

psicosomáticos: sensaciones, dolores o molestias corporales que proceden de la mente. Viene de *psycho* (mente) y *somatic* (cuerpo). Capítulo 10, n° 3

R

reestimulación: una condición en que la aproximación del contenido de la mente reactiva o alguna parte de él se percibe en el entorno del organismo. Capítulo 9, n° 3

reestimulador: el equivalente en el entorno del contenido de percépticos del engrama. Capítulo 10

regresión: una técnica en la que parte del individuo permanecía en el presente y parte regresaba al pasado. Capítulo 8, n° 5

reverie: un ligero estado de "concentración" que no se debe confundir con la hipnosis; en reverie, la persona está por completo consciente de lo que está sucediendo en el presente. Capítulo 11, n° 2

revivificación: el alivio de un incidente o una parte de él como si estuviera sucediendo ahora. Capítulo 8, n° 6

Rube Goldberg: (1883-1970) caricaturista norteamericano conocido por su representación de artilugios mecánicos con una complejidad absurda e innecesaria diseñados para manejar tareas de absurda simplicidad. Capítulo 6, n° 2

S

semántica general: un método filosófico altamente organizado de enfocar el lenguaje, desarrollado por Alfred Korzybski (1879-1950), que buscaba una base científica para una clara comprensión de la diferencia entre las palabras y la realidad y las formas en que las propias palabras pueden influenciar y limitar la capacidad de pensar del hombre. Capítulo 9, n° 6

Shannon: Dr. Claude E. Shannon (1916-), matemático americano, cuya obra causó un impacto en el desarrollo de la tecnología de ordenadores y de las comunicaciones. Capítulo 7, n° 5

simbiontes: organismos, personas, grupos, etc., que viven en una relación de interdependencia o mutuamente beneficiosa. El átomo depende del universo, el universo del átomo. Capítulo 10, n° 1

Sócrates: (aprox. 469-399 a.C.) filósofo y maestro griego que creía en un "demonio", cuya voz le advertía siempre que iba a tomar una decisión equivocada. Capítulo 2, n° 9

somáticos: dolor físico, incomodidad, emociones o sentimientos indeseados que provienen de un engrama. Capítulo 10, n° 5

Spencer: Herbert Spencer (1820-1903), filósofo inglés conocido por su aplicación de las doctrinas científicas de la evolución a la filosofía y a la ética. Capítulo 2, n° 20

sugestión posthipnótica: una sugestión que se hace durante la hipnosis de manera tal que cause efecto después de despertarse. Capítulo 3, n° 2

T

Tarawa: isla del centro del Pacífico que recuperó de los japoneses la marina americana a finales de 1943, después de fuertes luchas. Capítulo 6, n° 1

Toh: agente del mundo espiritual en las culturas primitivas. A los *Toh* se les considera espíritus malvados y se les culpa de desastres, como las cosechas fallidas, las enfermedades y la muerte. Capítulo 3, n° 10

trance amnésico: trance profundo de una persona dormida,que hace que sea susceptible a órdenes. Capítulo 3, n° 3

truco de la cuerda hindú: truco de magia, de origen oriental, en el que el mago suspende una cuerda en el aire y sube por ella y parece desaparecer. Capítulo 2, n° 14

U

UNIVAC: (de finales de los 40 a finales de los 50) Computadora Automática Universal (*Universal Automatic Computer*): el primer ordenador electrónico diseñado y vendido para resolver problemas comerciales. Capítulo 6, n° 5

U

valencia: en Dianética, una personalidad real o en la sombra. La valencia propia de uno es su personalidad real. Una personalidad en la sombra es uno de los personajes que hay en un engrama que ha sido asumido por el individuo. Multivalencia significaría muchas personalidades. Capítulo 11, n° 4

valle de Salinas: un fértil valle en California occidental, al sur de San Francisco, por el que pasa el río Salinas. Capítulo 2, n°16

vox populi: sentimiento popular o la expresión de la opinión general. *Vox populi* es una frase latina que literalmente significa "la voz del pueblo". Capítulo 11, n° 1

Y

"yo": (en filosofía y en otros campos) el origen del pensamiento; la persona misma, a diferencia del cuerpo, la cual es consciente de ser ella misma; el alma. Capítulo 7, n° 6

ÍNDICE TEMÁTICO

ÍNDICE TEMÁTICO

DÓNDE IR PARA CONSEGUIR AUDITACIÓN Y ENTRENAMIENTO DE DIANÉTICA

APRENDE CÓMO USAR DIANÉTICA Y ALCANZAR EL ESTADO DE CLEAR

Un Clear no tiene mente reactiva perniciosa y funciona con una capacidad mental completa. TÚ puedes alcanzar el estado de Clear al igual que muchos miles de personas antes que tú.

Empieza tu camino a Clear en el seminario de Dianética Hubbard. aprende a aplicar las técnicas de Dianética de probada eficacia con seguridad y certeza. Trabaja con otros estudiantes, bajo una supervisión bien preparada, dando y recibiendo auditación, y experimenta por ti mismo milagros de Dianética que pueden cambiar una vida.

Ponte en contacto con tu fundación de Dianética Hubbard más próxima e inscríbete en el seminario de Dianética Hubbard. Hay miles de grupos y organizaciones de Dianética en todo el mundo. A continuación están las organizaciones de Estados Unidos, Europa, Canadá, Reino Unido, Australia y África. Para encontrar otras fundaciones de Dianética a nivel internacional, visita el sitio web de Dianética **www.dianetics.org** y usa el localizador global.

O bien, llama o escribe al editor, quien te encaminará a tu fundación de Dianética Hubbard más próxima:

AMÉRICA

Bridge Publications, Inc.
4751 Fountain Avenue
Los Ángeles, California 90029
EE.UU.

MÉXICO

ERA DINÁMICA EDITORES,
S.A. DE C.V.,
Pablo Ucello #16
Colonia C.D. de los Deportes
México, D.F.

ESPAÑA

BARCELONA

Asociación Civil de Dianética
Pasaje Domingo, 11–13 Bajos 08007
Barcelona, España

MADRID

Asociación Civil de Dianética
C/ Montera 20, Piso 1° dcha. 28013
Madrid, España

AMÉRICA LATINA

ARGENTINA

BUENOS AIRES

Asociación de Dianética de
Argentina
Bartolomé Mitre 2162
Capital Federal C.P. 1039
Buenos Aires, Argentina

COLOMBIA

BOGOTÁ

Centro Cultural de Dianética
Carrera 30 #91–96
Bogotá, Colombia

MÉXICO

GUADALAJARA

Organización Cultural
de Dianética, A.C.
Avenida de la Paz 2787
Fracc. Arcos Sur
Sector Juárez, Guadalajara
Jalisco C.P. 44500, México

CUIDAD DE MÉXICO

Asociación Cultural
Dianética, A.C.
Belisario Domínguez #17-1
Villa Coyoacán
Colonia Coyoacán
C.P. 04000, México, D.F.

Instituto de Filosofía
Aplicada, A.C.
Municipio Libre No. 40
Esq. Mira Flores
Colonia Portales
México, D.F.

Centro Cultural
Latinoamericano, A.C.
Rio Amazonas 11
Colonia Cuahutemoc
C.P. 06500, México, D.F.

Instituto Tecnológico
de Dianética, A.C.
Avenida Chapultepec 540, 6° Piso
Colonia Roma, Metro
Chapultepec
C.P. 06700, México, D.F.

Organización Desarrollo
Dianética, A.C.
Avenida Xola #1113 Esq. Pitágoras
Colonia Narvarte
C.P. 03220, México, D.F.

Organización Cultural
Dianética, A.C.
Calle San Luis Potosí #196 - 3er Piso
Esq. Medellín
Colonia Roma
C.P. 03020, México, D.F.

VENEZUELA

CARACAS

Asociación Cultural
Dianética, A.C.
Calle Casiquiare
Entre Yumare y Atunes
Quinta Shangai
Urbanización El Marquez
Caracas, Venezuela

VALENCIA

Asociación Cultural Dianética, A.C.
Ave. Bolívar Nte.
Edificio El Refugio #141-45
A 30 metros Ave. Monseñor Adams
Valencia, Venezuela

PUERTO RICO

HATO REY

Church of Scientology
272 JT Piñero Avenue
Hyde Park, Hato Rey
San Juan, Puerto Rico 00918

EUROPA

UNITED KINGDOM

BIRMINGHAM

Church of Scientology
8 Ethel Street
Winston Churchill House
Birmingham, Inglaterra B2 4BG

BRIGHTON

Church of Scientology
Third Floor, 79-83 North Street
Brighton, Sussex
Inglaterra BN1 1ZA

EAST GRINSTEAD

Church of Scientology
Saint Hill Foundation
Saint Hill Manor
East Grinstead, West Sussex
Inglaterra RH19 4JY

Advanced Organization Saint Hill
Saint Hill Manor
East Grinstead, West Sussex
Inglaterra RH19 4JY

EDIMBURGO

Hubbard Academy of Personal
  Independence
20 Southbridge
Edimburgo, Escocia EH1 1LL

LONDRES

Church of Scientology
68 Tottenham Court Road
Londres, Inglaterra W1P 0BB

Church of Scientology
Celebrity Centre London
42 Leinster Gardens
Londres, Inglaterra W2 3AN

MANCHESTER

Church of Scientology
258 Deansgate
Manchester, Inglaterra M3 4BG

PLYMOUTH

Church of Scientology
41 Ebrington Street
Plymouth, Devon
Inglaterra PL4 9AA

SUNDERLAND

Church of Scientology
51 Fawcett Street
Sunderland, Tyne and Wear
Inglaterra SR1 1RS

AUSTRIA

VIENA

Church of Scientology
Schottenfeldgasse 13/15
1070 Viena, Austria

Church of Scientology
Celebrity Centre Vienna
Senefeldergasse 11/5
1100 Viena, Austria

BÉLGICA

BRUSELAS

Church of Scientology
rue General MacArthur, 9
1180 Bruselas, Bélgica

DINAMARCA

AARHUS

Church of Scientology
Vester Alle 26
8000 Aarhus C, Dinamarca

COPENHAGUE

Church of Scientology
Store Kongensgade 55
1264 Copenhague K, Dinamarca

Church of Scientology
Gammel Kongevej 3–5, 1
1610 Copenhague V, Dinamarca

Church of Scientology
Advanced Organization Saint
  Hill for Europe
Jernbanegade 6
1608 Copenhague V, Dinamarca

FRANCIA
ANGERS
Church of Scientology
28b, avenue Mendes
49240 Avrille, Francia

CLERMONT-FERRAND
Church of Scientology
6, rue Dulaure
63000 Clermont-Ferrand
Francia

LYON
Church of Scientology
3, place des Capucins
69001 Lyon, Francia

PARÍS
Church of Scientology
7, rue Jules César
75012 París, Francia

Church of Scientology
Celebrity Centre Paris
69, rue Legendre
75017 París, Francia

SAINT-ÉTIENNE
Church of Scientology
24, rue Marengo
42000 Saint-Étienne, Francia

ALEMANIA
BERLÍN
Church of Scientology
Sponholzstraße 51–52
12159 Berlín, Alemania

DÜSSELDORF
Church of Scientology
Friedrichstraße 28
40217 Düsseldorf, Alemania

Church of Scientology
Celebrity Centre Düsseldorf
Luisenstraße 23
40215 Düsseldorf, Alemania

FRANKFURT
Church of Scientology
Kaiserstraße 49
60329 Frankfurt, Alemania

HAMBURGO
Church of Scientology
Domstraße 12
20095 Hamburgo, Alemania

Church of Scientology
Brennerstraße 12
20099 Hamburgo, Alemania

HANOVER
Church of Scientology
Odeonstraße 17
30159 Hanover, Alemania

MUNICH
Church of Scientology
Beichstraße 12
80802 Munich, Germany

STUTTGART
Church of Scientology
Hohenheimerstraße 9
70184 Stuttgart, Alemania

HUNGRÍA
Budapest
Church of Scientology
VII. ker. Erzsébet krt. 5. I. em.
1399 Budapest, Hungría
Postafiók 701/215.

ISRAEL
TEL AVIV
Scientology Center
12 Shontzino Street
PO Box 57478
61573 Tel Aviv, Israel

ITALIA

BRESCIA
Church of Scientology
Via Fratelli Bronzetti, 20
25125 Brescia, Italia

CATANIA
Church of Scientology
Via Garibaldi, 9
95121 Catania, Italia

MILÁN
Church of Scientology
Via Lepontina, 4
20159 Milán, Italia

MONZA
Church of Scientology
Largomolinetto, 1
20052 Monza (MI), Italia

NOVARA
Church of Scientology
Corso Milano, 28
28100 Novara, Italia

NUORO
Church of Scientology
Via Lamarmora, 102
08100 Nuoro, Italia

PADOVA
Church of Scientology
Via Ugo Foscolo, 5
35131 Padova, Italia

PORDENONE
Church of Scientology
Via Dogana, 19
Zona Fiera
33170 Pordenone, Italia

ROMA
Church of Scientology
Via del Caravita, 5
00186 Roma, Italia

TURÍN
Church of Scientology
Via Bersezio, 7
10152 Turín, Italia

VERONA
Church of Scientology
Corso Milano, 84
37138 Verona, Italia

HOLANDA

AMSTERDAM
Church of Scientology
Nieuwezijds Voorburgwal
116–118 1012 SH
Amsterdam, Holanda

NORUEGA

OSLO
Church of Scientology
Storgata 17
0184 Oslo, Noruega

PORTUGAL

LISBOA
Church of Scientology
Rua dos Correeiros 205, 3º Andar
1100 Lisboa, Portugal

RUSIA

MOSCÚ
Hubbard Humanitarian Center
Boris Galushkina Street 19A
129301 Moscú, Rusia

SUECIA

GÖTEBORG
Church of Scientology
Värmlandsgatan 16, 1 tr.
413 28 Göteborg, Suecia

MALMÖ
Church of Scientology
Porslinsgatan 3
211 32 Malmö, Suecia

ESTOCOLMO

Church of Scientology
Götgatan 105
116 62 Estocolmo, Suecia

SUIZA

BASILEA

Church of Scientology
Herrengrabenweg 56
4054 Basilea, Suiza

BERN

Church of Scientology
Mühlemattstrasse 31
Postfach 384
3000 Bern 14, Suiza

GINEBRA

Church of Scientology
12, rue des Acacias
1227 Carouge
Ginebra, Suiza

LAUSANNE

Church of Scientology
10, rue de la Madeleine
1003 Lausanne, Suiza

ZURICH

Church of Scientology
Freilagerstrasse 11
8047 Zurich, Suiza

ESTADOS UNIDOS

ALBUQUERQUE

Church of Scientology
8106 Menaul Boulevard N.E.
Albuquerque, Nuevo México 87110

ANN ARBOR

Church of Scientology
2355 West Stadium Boulevard
Ann Arbor, Michigan 48103

ATLANTA

Church of Scientology
1611 Mt. Vernon Road
Dunwoody, Georgia 30338

AUSTIN

Church of Scientology
2200 Guadalupe
Austin, Texas 78705

BOSTON

Church of Scientology
448 Beacon Street
Boston, Massachusetts
02115

BUFFALO

Church of Scientology
47 West Huron Street
Buffalo, New York 14202

CHICAGO

Church of Scientology
3011 North Lincoln Avenue
Chicago, Illinois 60657-4207

CINCINNATI

Church of Scientology
215 West 4th Street, 5th Floor
Cincinnati, Ohio 45202-2670

CLEARWATER

Church of Scientology
Flag Service Organization
210 South Fort Harrison Avenue
Clearwater, Florida 33756

Church of Scientology
Flag Ship Service Organization
c/o Freewinds Relay Office
118 North Fort Harrison Avenue
Clearwater, Florida 33755

COLUMBUS

Church of Scientology
30 North High Street
Columbus, Ohio 43215

DALLAS

Church of Scientology
Celebrity Centre Dallas
1850 North Buckner Boulevard
Dallas, Texas 75228

Denver
Church of Scientology
3385 South Bannock Street
Englewood, Colorado 80110

Detroit
Church of Scientology
28000 Middlebelt Road
Farmington Hills, Michigan 48334

Honolulu
Church of Scientology
1146 Bethel Street
Honolulu, Hawaii 96813

Kansas City
Church of Scientology
3619 Broadway
Kansas City, Missouri 64111

Las Vegas
Church of Scientology
846 East Sahara Avenue
Las Vegas, Nevada 89104

Church of Scientology
Celebrity Centre Las Vegas
1100 South 10th Street
Las Vegas, Nevada 89104

Long Island
Church of Scientology
99 Railroad Station Plaza
Hicksville, New York, 11801-2850

Los Ángeles y alrededores
Church of Scientology
1514 L. Ron Hubbard Way
Los Angeles, California 90027

Church of Scientology
1451 Irvine Boulevard
Tustin, California 92680

Church of Scientology
1277 East Colorado Boulevard
Pasadena, California 91106

Church of Scientology
15643 Sherman Way
Van Nuys, California 91406

Church of Scientology
American Saint Hill
  Organization
1413 L. Ron Hubbard Way
Los Angeles, California 90027

Church of Scientology
American Saint Hill
  Foundation
1413 L. Ron Hubbard Way
Los Angeles, California 90027

Church of Scientology
Advanced Organization of
  Los Angeles
1306 L. Ron Hubbard Way
Los Angeles, California 90027

Church of Scientology
Celebrity Centre International
5930 Franklin Avenue
Hollywood, California 90028

Los Gatos
Church of Scientology
2155 South Bascom Avenue,
  Suite 120
Campbell, California 95008

Miami
Church of Scientology
120 Giralda Avenue
Coral Gables, Florida 33134

Minneapolis
Church of Scientology
  Twin Cities
1011 Nicollet Mall
Minneapolis, Minnesota 55403

Mountain View
Church of Scientology
2483 Old Middlefield Way
Mountain View, California 94043

Nashville
Church of Scientology
Celebrity Centre Nashville
1204 16th Avenue South
Nashville, Tennessee 37212

NEW HAVEN

Church of Scientology
909 Whalley Avenue
New Haven, Connecticut
06515-1728

NUEVA YORK

Church of Scientology
227 West 46th Street
Nueva York, Nueva York
10036-1409

Church of Scientology
Celebrity Centre Nueva York
65 East 82nd Street
Nueva York, Nueva York 10028

ORLANDO

Church of Scientology
1830 East Colonial Drive
Orlando, Florida
32803-4729

PHILADELPHIA

Church of Scientology
1315 Race Street
Philadelphia, Pennsylvania 19107

PHOENIX

Church of Scientology
2111 West University Drive
Mesa, Arizona 85201

PORTLAND

Church of Scientology
2636 N.E. Sandy Boulevard
Portland, Oregón 97232-2342

Church of Scientology
Celebrity Centre Portland
708 S.W. Salmon Street
Portland, Oregón 97205

SACRAMENTO

Church of Scientology
825 15th Street
Sacramento, California
95814-2096

SALT LAKE CITY

Church of Scientology
1931 South 1100 East
Salt Lake City, Utah 84106

SAN DIEGO

Church of Scientology
1330 4th Avenue
San Diego, California 92101

SAN FRANCISCO

Church of Scientology
83 McAllister Street
San Francisco, California 94102

SAN JOSÉ

Church of Scientology
80 East Rosemary Street
San José, California 95112

SANTA BÁRBARA

Church of Scientology
524 State Street
Santa Bárbara, California 93101

SEATTLE

Church of Scientology
601 Aurora Avenue N.
Seattle, Washington 98109

ST. LOUIS

Church of Scientology
6901 Delmar Boulevard
University City, Missouri 63130

TAMPA

Church of Scientology
3617 Henderson Boulevard
Tampa, Florida 33609-4501

WASHINGTON DC

Founding Church of Scientology
of Washington, DC
1701 20th Street N.W.
Washington DC 20009

CANADÁ

EDMONTON
Church of Scientology
10206 106th Street NW
Edmonton, Alberta
Canadá T5J 1H7

KITCHENER
Church of Scientology
104 King Street West, 2nd Floor
Kitchener, Ontario
Canadá N2G 2K6

MONTREAL
Church of Scientology
4489 Papineau Street
Montreal, Quebec
Canadá H2H 1T7

OTTAWA
Church of Scientology
150 Rideau Street, 2nd Floor
Ottawa, Ontario
Canadá K1N 5X6

QUEBEC
Church of Scientology
350 Bd Chareste Est
Quebec, Quebec
Canadá G1K 3H5

TORONTO
Church of Scientology
696 Yonge Street, 2nd Floor
Toronto, Ontario
Canadá M4Y 2A7

VANCOUVER
Church of Scientology
401 West Hastings Street
Vancouver, British Columbia
Canadá V6B 1L5

WINNIPEG
Church of Scientology
315 Garry Street, Suite 210
Winnipeg, Manitoba
Canadá R3B 2G7

AUSTRALIA

ADELAIDA
Church of Scientology
24–28 Waymouth Street
Adelaida, South Australia 5000
Australia

BRISBANE
Church of Scientology
106 Edward Street, 2nd Floor
Brisbane, Queensland 4000
Australia

CANBERRA
Church of Scientology
43–45 East Row
Canberra City, ACT 2601
Australia

MELBOURNE
Church of Scientology
42–44 Russell Street
Melbourne, Victoria 3000
Australia

PERTH
Church of Scientology
108 Murray Street, 1st Floor
Perth, Western Australia 6000
Australia

SYDNEY
Church of Scientology
201 Castlereagh Street
Sydney, Nueva Gales del Sur 2000
Australia

Church of Scientology
Advanced Organization
  Saint Hill Australia,
  New Zealand and Oceania
19–37 Greek Street
Glebe, Nueva Gales del Sur 2037
Australia

JAPÓN

TOKIO

Scientology Tokio
2-11-7, Kita-otsuka
Toshima-ku
Tokio, Japón 170-004

NUEVA ZELANDA

AUCKLAND

Church of Scientology
159 Queen Street, 3rd Floor
Auckland 1, Nueva Zelanda

ÁFRICA

BULAWAYO

Church of Scientology
Southampton House, Suite 202
Main Street and 9th Avenue
Bulawayo, Zimbabwe

CIUDAD DEL CABO

Church of Scientology
Ground Floor, Dorlane House
39 Roeland Street
Cape Town 8001, Sudáfrica

DURBAN

Church of Scientology
20 Buckingham Terrace
Westville, Durban 3630
Sudáfrica

HARARE

Church of Scientology
404-409 Pockets Building
50 Jason Moyo Avenue
Harare, Zimbabwe

JOHANNESBURGO

Church of Scientology
4th Floor, Budget House
130 Main Street
Johannesburgo 2001
Sudáfrica

Church of Scientology
No. 108 1st Floor,
  Bordeaux Centre
Gordon Road, Corner Jan
  Smuts Avenue
Blairgowrie, Randburg 2125
Sudáfrica

PORT ELIZABETH

Church of Scientology
2 St. Christopher's
27 Westbourne Road Central
Port Elizabeth 6001
Sudáfrica

PRETORIA

Church of Scientology
307 Ancore Building
Corner Jeppe and Esselen Streets
Sunnyside, Pretoria 0002
Sudáfrica

Para obtener cualquier libro de L. Ronald Hubbard que no esté disponible en tu organización local contacta a cualquiera de las siguientes editoriales:

CONTINENTAL PUBLICATIONS LIAISON OFFICE
696 Yonge Street
Toronto, Ontario
Canadá M4Y 2A7

ERA DINÁMICA EDITORES, S.A. DE C.V.,
Pablo Ucello #16
Colonia C.D. de los Deportes
México, D.F.

NEW ERA PUBLICATIONS UK, LTD.
Saint Hill Manor
East Grinstead, West Sussex
Inglaterra RH19 4JY

NEW ERA PUBLICATIONS AUSTRALIA PTY LTD.
Level 1, 61–65 Wentworth
Avenue Surry Hills, Nueva
Gales del Sur
2000 Australia

CONTINENTAL PUBLICATIONS PTY LTD.
6th Floor, Budget House
130 Main Street
Johannesburgo 2001
Sudáfrica

NEW ERA PUBLICATIONS ITALIA S.R.L.
Via Cadorna, 61
20090 Vimodrone (MI), Italia

NEW ERA PUBLICATIONS DEUTSCHLAND GMBH
Hittfelder Kirchweg 5A
21220 Seevetal-Maschen,
Alemania

NEW ERA PUBLICATIONS FRANCE E.U.R.L.
14, rue des Moulins
75001 Paris, Francia

NEW ERA PUBLICATIONS REP. PARA IBERIA
C/ Miguel Menéndez
Boneta 18
28466 Los Molinos,
Madrid

NEW ERA PUBLICATIONS JAPAN, INC.
Sakai SS bldg 2F, 4-38-15,
Higashi-Ikebukuro
Toshima-ku, Tokio, Japón
170-0013

NEW ERA PUBLICATIONS GROUP
Str. Kasatkina, 16, Building 1
129301 Moscú, Rusia

DESHAZTE DE TU MENTE REACTIVA

Has leído la historia de cómo se ha desarrollado Dianética. Sabes que son principios básicos. Ahora aprende la *tecnología completa* para alcanzar los resultados de Dianética por ti mismo.

Dianética: La ciencia moderna de la salud mental es el manual completo de L. Ronald Hubbard sobre la materia.

En más de 600 páginas te da los fundamentos, aplicaciones y los

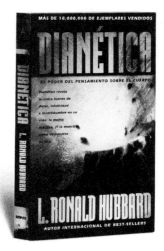

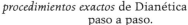

procedimientos exactos de Dianética paso a paso.

Millones de personas de todo el mundo han leído este libro y *usado sus procedimientos* para desvanecer el estress, la depresión y las emociones negativas de la mente reactiva, y han empezado su camino hasta Clear.

Dianética funciona. Descúbrelo por ti mismo. Compra este libro, léelo y, lo más importante, *¡úsalo!*

Compra y lee
DIANÉTICA
Dianética: La ciencia moderna de la salud mental
¡¡Pide tú copia hoy!!

BRIDGE PUBLICATIONS, INC.
4751 Fountain Avenue
Los Angeles, California 90029
EE.UU.
www.bridgepub.com

ERA DINÁMICA EDITORES, S.A. DE C.V.,
Pablo Ucello #16
Colonia C.D. de los Deportes
México, D.F.

110
Electronic Alarm Projects

110
Electronic Alarm Projects

R. M. MARSTON

HAYDEN BOOK COMPANY, INC.
Rochelle Park, New Jersey

Published in the USA in 1977 by
Hayden Book Company, Inc.
50 Essex Street, Rochelle Park, N.J. 07662

First published in 1977 by
Newnes-Butterworths, an imprint of
The Butterworth Group
Butterworth & Co., (Publishers) Ltd.
88 Kingsway
London, WC2B 6AB, England

Printed in the United States of America

1	2	3	4	5	6	7	8	9	PRINTING
77	78	79	80	81	82	83	84	85	YEAR

PREFACE

Electronic alarms have a multitude of applications in the home, in industry, and in the car. They can be designed to be activated by physical contact or the proximity of a body, or by variations in light and heat levels, or by variations in voltage, current, resistance or some other electrical property. They may be designed to give high-level audible outputs, as in the case of burglar alarms, or low-level visual outputs, as in the case of instrumentation alarms. One hundred and ten useful alarm circuits, of a variety of types, are shown in this volume. The operating principle of each circuit is explained in concise but comprehensive terms, and brief constructional notes are given where necessary.

The volume is divided into seven chapters. The first five are devoted to alarm circuits that can be used in the home and in industry, including contact-operated alarms, burglar alarms, temperature alarms, light-sensitive alarms, proximity and touch alarms, power-failure alarms, and sound and vibration alarms. Chapter six is devoted to automobile alarm circuits, and gives details of immobilisers and anti-theft alarms, ice-hazard alarms, overheat alarms, and low-fuel-level alarms. The final chapter is devoted to instrumentation alarm circuits, and shows alarms that can be activated by a.c. or d.c. currents or voltages or by resistance. The circuits will be of equal interest to the electronics amateur, student and engineer.

All the circuits described have been designed, built and fully evaluated by the author. They are designed around a variety of types of readily available semiconductor devices of American manufacture. Most of the circuits are designed around standard bipolar transistors, or an 8-pin dual-in-line*type 741 operational amplifier, or a type CD4001 quad 2-input COS/MOS NOR gate digital IC. Some circuits have an SCR output stage, and are intended to activate an alarm bell or buzzer directly. In this latter case, the SCR is a type C106Y1 or equivalent, and is intended to be used in conjunction with a self-interrupting bell or buzzer with a mean current rating of less than 2 A and a voltage rating that is 1.5 V less than that of the circuit's power supply.

The outlines and pin connections of all semiconductors mentioned in the volume are given in the Appendix, as an aid to construction. Unless otherwise stated, all resistors used in the circuits are standard half-watt types.

---

*dual-in-line abbreviated D.I.L. or DIP

CONTENTS

110
Electronic Alarm Projects

CONTACT-OPERATED ALARM CIRCUITS

Contact-operated alarms can be simply described as alarm systems that are activated by the opening or closing of a set of electrical contacts. These contacts may take the form of a simple push-button switch, a pressure-pad switch, or a reed-relay, etc. The actual alarms may be designed to give an audible loudspeaker output, an alarm-bell output, or a relay output that can be used to operate any kind of audible or visual warning device. The alarm system can be designed to give non-latch, self-latch, or one-shot operation.

Contact-operated alarms have many practical applications in the home and in industry. They can be used to attract attention when someone operates a push switch, to give an automatic warning when someone opens a door or window or treads on a pressure-pad, or to give an alarm indication when a piece of machinery moves beyond a preset limit and activates a microswitch, etc. A wide range of practical contact-operated alarm circuits are described in this chapter.

Alarm-bell & relay-output alarm circuits

The simplest possible type of contact-operated alarm circuit consists of an alarm bell in series with a normally-open (n.o.) switch, the combination being wired across a suitable battery supply, as shown in *Figure 1.1*. Any number of n.o. switches can be wired in parallel, so that the alarm operates when any one or more of these switches is closed. This type of circuit gives an inherently non-latch form of operation, and has the great advantage of drawing zero standby current from its supply battery.

A major disadvantage of the simple *Figure 1.1* circuit is that it passes the full alarm bell current through the n.o. operating switches, so these

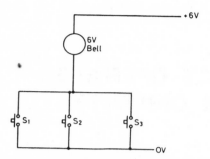

Figure 1.1 Simple non-latch close-to-operate alarm circuit

switches must be fairly robust types. One simple way round this problem is shown in *Figure 1.2a*.

Here, the n.o. operating switches are wired in series with the coil of a 6 V relay, and the relay contacts are wired in series with the alarm bell; both combinations are wired across the same 6 V supply. Thus when the switches are open the relay is off, so the relay contacts are open and the alarm bell is inoperative. When one or more of the switches is

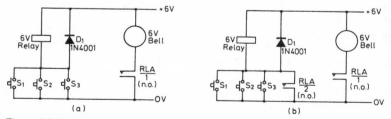

Figure 1.2 Relay-aided close-to-operate alarms: (a) non-latching; (b) self-latching

closed the relay turns on, so its contacts close and operate the alarm bell. Note in the latter case that the switches pass a current equal to that of the relay coil only, and can thus be fairly delicate types such as reed-relays, etc. Also note that a silicon diode is wired across the relay coil, to protect the switches against damage from the back e.m.f. of the coil.

The *Figure 1.2a* circuit gives a non-latch form of operation, in which the alarm operates only while one or more of the operating switches is closed. If desired the circuit can be made self-latching, so that the relay and the alarm lock on as soon as one or more of the n.o. switches is closed, by wiring a spare set of n.o. relay contacts in parallel with the n.o. operating switches, as in *Figure 1.2b*.

An alternative solution to the switch-current problem is shown in *Figure 1.3a*. Here, a general-purpose silicon controlled rectifier (SCR)

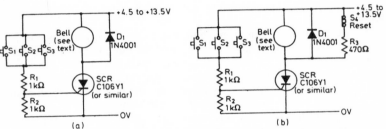

Figure 1.3 SCR-aided close-to-operate alarms: (a) non-latching; (b) self-latching

is wired in series with an inexpensive self-interrupting alarm bell, and the SCR has its gate current derived from the positive supply line via current-limiting resistor R_1 and via the n.o. operating switches. R_1 and the switches pass a current of only a few milliamps.

Normally, when the switches are open, the SCR is off and the alarm bell is inoperative. When one or more of the switches is closed, gate current is applied to the SCR via R_1, so the SCR turns on and the alarm bell operates. Since the operating current of a self-interrupting alarm bell is applied in a series of pulses via the built-in self-energising vibration contacts of the bell, the simple *Figure 1.3a* SCR circuit gives a non-latch type of operation when it is used with this type of alarm device.

If desired, the *Figure 1.3a* circuit can be made to give self-latch operation by simply wiring a shunt resistor across the bell, as shown in *Figure 1.3b*, so that the SCR current does not fall below its latching value when the bell goes into the self-interrupting mode.

Note that the SCR used in the *Figure 1.3* circuits has a current rating of only 2 A, so the alarm bell must be selected with this point in mind. Alternatively, SCRs with higher current ratings can be used in place of the device shown, but this modification may also necessitate changes in the R_1 and R_3 values of the circuit.

A major weakness of the *Figure 1.1* to *1.3* circuits is that they do not give a 'fail-safe' form of operation, and give no indication of a fault condition if a break occurs in the contact-switch wiring. This snag is overcome in circuits that are designed to be activated via normally-closed (n.c.) switches, and a typical circuit of this type is shown in *Figure 1.4.*

Here, the coil of a 12 V relay is wired in series with the collector of transistor Q_1, and bias resistor R_1 is wired between the positive supply line and the base of the transistor. The alarm bell is wired across the supply lines via a set of n.o. relay contacts, and the n.c. operating switch is wired between the base and emitter of the transistor. Note that operating switch S_1 may comprise any number of n.c. switches wired in series.

Normally, with S_1 closed, the base and emitter of Q_1 are shorted together, so Q_1 is cut off and the relay and the bell are inoperative. Under this condition the circuit draws a quiescent current of 1 mA via R_1. When any of the S_1 switches are open, or if a break occurs in the switch wiring, the short is removed from the base—emitter junction of Q_1, and current flows into the base of the transistor via R_1. Under this condition the transistor is driven to saturation, so the relay turns on and the alarm bell operates as the relay contacts close. The basic *Figure 1.4* circuit can, if desired, be made to give self-latch operation by wiring a spare set of n.o. relay contacts between the collector and emitter of Q_1, as shown dotted in the diagram.

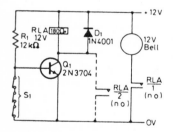

Figure 1.4 Simple break-to-operate alarm draws 1 mA standby current

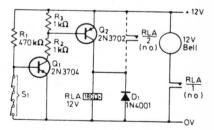

Figure 1.5 Improved break-to-operate alarm draws 25 µA standby current

Thus the *Figure 1.4* circuit gives automatic fail-safe operation, but draws the fairly high quiescent or standby current of 1 mA. This standby current can readily be reduced to a mere 25 µA by interposing a two-transistor amplifier stage between the contact switch and the relay, as shown in *Figure 1.5.*

Here, the base current of Q_2 is derived from the collector of Q_1 via R_2, and the base current of Q_1 is derived from the positive supply line via R_1. Consequently, when S_1 is closed both Q_1 and Q_2 are cut off, so the relay and the alarm bell are inoperative, but when S_1 is open both transistors are driven to saturation and the relay and the alarm bell are driven on. The circuit can be made self-latching by wiring a spare set of n.o. relay contacts between the collector and emitter of Q_2, as shown dotted in the diagram.

If desired, the standby current of the *Figure 1.5* circuit can be reduced to a mere 1 μA or so by using an inverter-connected COS/MOS gate in place of Q_1, as shown in *Figure 1.6*. The gate used here is taken

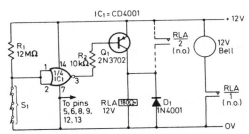

Figure 1.6 *COS/MOS-aided break-to-operate alarm draws 1 μA standby current*

from a CD4001 quad two-input NOR gate IC, and the remaining three unused gates of the device are disabled by taking their input pins to ground, as indicated. The inverter-connected COS/MOS gate has a virtually infinite input impedance, so R_1 can be given almost any resistance value. Ultimately, the minimum standby current of the circuit is limited only by the value of R_1 and the leakage current of Q_1.

The *Figure 1.6* circuit can be made self-latching by wiring a spare set of n.o. relay contacts between the collector and emitter of Q_1, as shown dotted in the diagram. Alternatively, the circuit can be made to self-latch by connecting two of the NOR gates of the CD4001 IC as a bistable multivibrator, as shown in *Figure 1.7*. Note that the remaining two unused gates of the IC are disabled by taking their inputs to ground.

The operation of the *Figure 1.7* circuit is such that the output of the COS/MOS bistable circuit goes low and self-latches if S_1 is momentarily opened or if the S_1 contact leads are interrupted. As the output of the bistable goes low it turns on the relay and the alarm bell via Q_1. Once the bistable has latched the alarm bell into the 'on' state, it can be reset into the standby 'off' mode by closing S_1 and momentarily operating 'reset' switch S_2, at which point the output

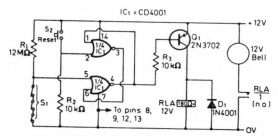

Figure 1.7 Self-latching COS/MOS-aided alarm draws 1 μA standby current

of the bistable latches back into the high state and turns Q_1 off. The *Figure 1.7* circuit draws a typical quiescent current of only 1 μA or so.

Note that, if desired, the relay-output circuits of *Figures 1.2* and *1.4* to *1.7* can be used to activate any type of alarm devices via their n.o. relay contacts, and are not restricted to use with alarm bells only.

Loudspeaker-output alarm circuits

Contact-operated alarm circuits can be designed to produce electronically-generated alarm signals directly into loudspeakers. Such systems can be made to produce a variety of sounds, at a variety of power levels, and may be designed around a number of types of semiconductor devices.

The most useful type of semiconductor device for this particular application is the COS/MOS digital integrated circuit. In particular, the CD4001 quad two-input NOR gate IC has the outstanding advantages of drawing virtually zero standby current, of having a virtually infinite input impedance, of tolerating a wide range of supply-rail voltages, and of being so versatile that it can be used in a whole range of waveform-generating applications. *Figures 1.8* to *1.16* show a variety of ways of using a single CD4001 IC to make contact-operated loudspeaker-output alarm circuits.

Figure 1.8 shows the circuit of a low-power contact-operated 800 Hz (monotone) alarm generator. Here, two of the gates of a CD4001 are connected as a gated 800 Hz astable multivibrator, and the remaining two unused gates of the device are disabled by taking their inputs to ground. The action of this astable is such that it is inoperative, with its pin 4 output terminal locked to the positive supply rail, when its pin 1 input terminal is high (at positive-rail voltage), but is operative and acting as a square-wave generator when its input is low (tied to the zero-volts line). The frequency of the astable is determined by the values of R_1 and C_1.

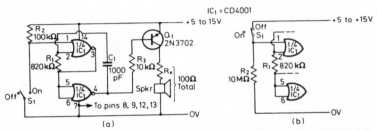

Figure 1.8 (a) Low-power 800 Hz close-to-operate alarm generator. (b) Modification for break-to-operate version

Thus, when the input terminal is high, zero base-current is fed to Q_1, so the circuit is inoperative and passes only a small leakage current; but when the input is low the astable is operative and generates a square-wave 'tone' signal in the speaker via Q_1. Note therefore that the circuit can be activated via n.o. contacts by using the input connections shown in *Figure 1.8a*, or by n.c. contacts by using the input connections shown in *Figure 1.8b*. In the latter case the circuit draws a standby current of roughly 1 μA via bias resistor R_2.

The basic *Figure 1.8* circuit is intended for low-power applications only, and can be used with any speaker in the range 3—100 Ω, and with any supply in the range 5—15 V. Note that resistor R_x must be wired in series with the speaker, and must be chosen so that the total series resistance of R_x and the speaker approximates 100 Ω, to keep the dissipation of Q_1 within acceptable limits. The actual power-output level of the circuit depends on the individual values of speaker impedance and supply voltage that are used, but is of the order of only a few milliwatts.

If desired, the power output can be boosted to a more useful level by using the medium-power output-stage circuit of *Figure 1.9*. The output power of this circuit again depends on the supply-rail and speaker-impedance values used, and may vary from 0.25 W when a

25 Ω speaker is used with a 5 V supply, to 11.25 W when a 5 Ω speaker is used with a 15 V supply. Alternatively, the output level can be boosted to about 18 W by using the high-power output stage of *Figure 1.10*.

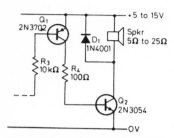
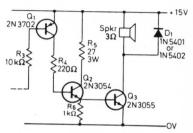

Figure 1.9 Medium-power (0.25– 11.25 W) output stage

Figure 1.10 High-power (18 W) output stage

Figure 1.11 shows how a CD4001 IC can be used to make an alarm that generates a pulsed 800 Hz tone when its contacts are operated. Circuit operation is quite simple. The two left-hand gates of the IC are wired as a low-frequency (roughly 6 Hz) gated astable multivibrator that is activated via the contact switches, and the two right-hand gates

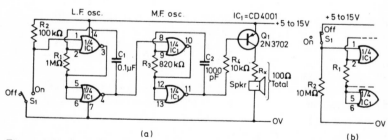

Figure 1.11 (a) Pulsed-tone close-to-operate alarm generator. (b) Modification for break-to-operate version

are wired as an 800 Hz astable multivibrator that is activated via the 6 Hz astable.

Normally, when the pin 1 input terminal of the circuit is high, both astables are inoperative and the circuit consumes only a small leakage current. When the input terminal is low, on the other hand, both astables are activated and the low-frequency circuit pulses the 800 Hz astable on and off at a rate of about 6 Hz, so a pulsed 800 Hz tone is generated in the speaker.

The *Figure 1.11* circuit can be activated via n.o. contact switches by using the input connections shown in *Figure 1.11a,* or by n.c. switches by using the connections shown in *Figure 1.11b.* If desired, the circuit's normal output power of only a few milliwatts can be boosted to as high as 18 W by replacing its Q_1 output stage by one or other of the *Figure 1.9* or *Figure 1.10* power-booster circuits.

Figure 1.12 shows how the *Figure 1.11* circuit can be modified so that it produces a warble-tone alarm signal. These two circuits are

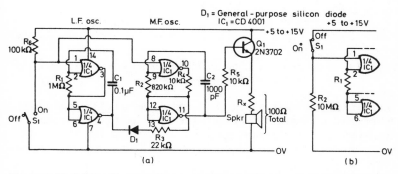

Figure 1.12 (a) Warble-tone close-to-operate alarm generator. (b) Modification for break-to-operate version

basically similar, but in the latter case the 6 Hz astable is used to modulate the frequency of the right-hand astable rather than to pulse it on and off. Note that the pin 1 and pin 8 gate terminals of both astables are tied together, and the astables are thus both activated directly by the contact switches. The circuit can be activated by n.o. switches by using the connections shown in *Figure 1.12a,* or by n.c. switches by using the connections shown in *Figure 1.12b.* The output power of the circuit can be boosted to a maximum of 18 W by using the power-booster stages of *Figure 1.9* or *1.10.*

The circuits of *Figures 1.8, 1.11* and *1.12* are all non-latching types, which produce an output only when they are activated by their contact switches. By contrast, *Figures 1.13* and *1.14* show two ways of using a CD4001 IC so that it gives some form of self-latch alarm-generating action.

The *Figure 1.13* circuit is that of a one-shot or auto-turn-off alarm generator. The action of this circuit is such that an 800 Hz monotone alarm signal is initiated as soon as contact switch S_1 is momentarily operated. This alarm signal then continues to be generated for a preset

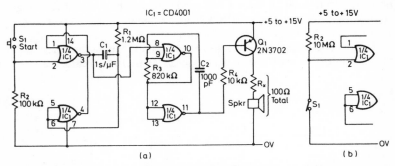

Figure 1.13 (a) One-shot close-to-operate 800 Hz alarm generator. (b) Modification for break-to-operate version

period, irrespective of the state of S_1, and at the end of this period the alarm signal automatically turns off. The duration of the alarm signal is determined by the value of C_1, and approximates one second per microfarad of value. Turn-off periods of several minutes can be readily obtained.

Here, the two left-hand gates of the IC are wired as a one-shot or monostable multivibrator, which can be triggered by a rising (positive-going) voltage on pin 2, and the two right-hand gates are wired as a gated 800 Hz astable multivibrator that is activated by the output of the monostable. Normally, both multivibrators are inoperative, and the circuit consumes only a small leakage current.

When S_1 is momentarily operated, a rising voltage is applied to pin 2 of the IC, and the monostable fires and gates the astable on, so an 800 Hz tone is generated in the speaker. At the end of the preset period the monostable automatically turns off again, so the tone ceases to be generated and the current consumption returns to leakage levels. The circuit can be reactivated again only by applying a rising voltage to pin 2 via S_1. The circuit can be activated by n.o. switches by using the connections shown in *Figure 1.13a,* or by n.c. switches by using the connections shown in *Figure 1.13b.*

Finally, *Figure 1.14* shows how the CD4001 can be used to make a true self-latching 800 Hz contact-operated alarm generator. Here, the two left-hand gates of the IC are wired as a manually-triggered bistable multivibrator, and the two right-hand gates are wired as a gated 800 Hz astable multivibrator that is activated via the bistable.

Circuit action is such that the output of the bistable is normally high, so the astable is disabled and the circuit consumes only a small leakage current. When S_1 is momentarily operated, a positive signal is applied to pin 2 of the IC, so the bistable changes state and its output locks into the low state and activates the astable multivibrator. An 800 Hz tone signal is generated in the speaker under this condition.

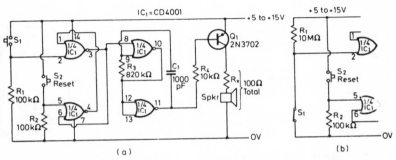

Figure 1.14 (a) Self-latching close-to-operate 800 Hz alarm generator. (b) Modification for break-to-operate version

Once it has been activated, the circuit can only be turned off again by removing the positive signal from pin 2 and briefly closing 'reset' switch S_2, at which point the circuit resets and its quiescent current returns to leakage levels.

The *Figure 1.14* circuit can be activated by n.o. switches by using the connections shown in *Figure 1.14a,* or by n.c. switches by using the connections shown in *Figure 1.14b.*

Note that the *Figure 1.13* and *1.14* circuits normally give output powers of only a few milliwatts, but that these levels can be boosted as high as 18 W by replacing their Q_1 output stages with the power-boosting circuits of *Figure 1.9* or *1.10.*

Multitone generator circuits

To conclude this chapter, *Figures 1.15* and *1.16* show the circuits of two push-button activated multitone alarm generators. These circuits have two or three sets of push-button operating switches, and the circuit action is such that each push switch causes the generation of its own distinctive tone. These circuits have uses in 'door announcing' applications, where, for example, a high tone may be generated by operating the front door switch, a low tone by operating the back door switch, and a medium tone by operating the side door switch.

The *Figure 1.15* circuit is that of a simple three-input monotone alarm generator system. Here, two of the gates of a CD4001 IC are wired as a modified astable multivibrator, and the action is such that

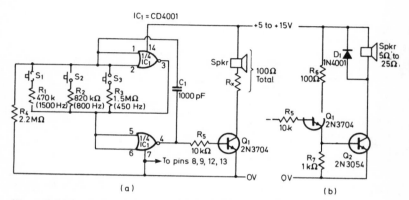

Figure 1.15 (a) Multitone contact alarm. (b) Modification for high-power output

the circuit is normally inoperative and drawing only a negligible leakage current, but becomes active and acts as a square-wave generator when a resistance is connected between pins 2 and 5 of the IC. This resistance must be substantially less than the 2.2 MΩ of R_4, and the frequency of the tone is inversely proportional to the resistance value that is used.

With the component values shown, the circuit generates a tone of roughly 1500 Hz when S_1 is operated, 800 Hz when S_2 is operated, and 450 Hz when S_3 is operated. Note that these tones are separated by roughly one octave each, so each push-button generates a very distinctive tone.

As in the case of the other circuits already described, the *Figure 1.15a* circuit generates an output power of only a few milliwatts. If required, this power can be boosted to as high as 11.25 W by using the power-booster stage shown in *Figure 1.15b*. As in the case of the *Figure 1.9* circuit, the final output power depends on the actual values of speaker impedance and supply rail voltage that are used.

Figure 1.16a shows the circuit of a two-input multitone circuit that

generates a monotone signal when one push-button is operated, or a
pulsed-tone signal when the other push-button is operated.

Here, the two left-hand gates of the IC are wired as a low-frequency
(approximately 6 Hz) gated astable multivibrator, and the two right-
hand gates are wired as a gated 800 Hz astable multivibrator. The two
multivibrators are interconnected via silicon diode D_1, and the circuit
action is such that the low-frequency astable oscillates and activates
the 800 Hz astable when S_1 is operated, thus producing a pulsed tone

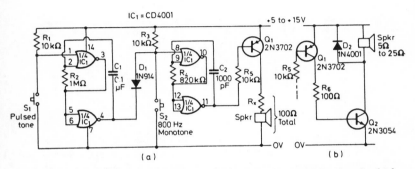

*Figure 1.16 (a) Two-input multitone contact alarm. (b) Modification for high-
power output*

in the speaker, but only the right-hand 800 Hz astable operates when
S_2 is closed, thus producing a monotone signal in the speaker.

The basic *Figure 1.16a* circuit generates an output power of only a
few milliwatts. If required, this power can be boosted to as high as
11.25 W by using the power-booster stage shown in *Figure 1.16b*.
The actual output power of this circuit again depends on the values
of speaker impedance and supply-rail voltage that are used.

BURGLAR ALARM CIRCUITS

The most reliable and widely-used type of burglar alarm is the 'contact' operated type, which is activated via microswitches or reed-relays wired into doors or windows, or via lengths of wire or foil wired into walls, floors or ceilings, etc. Ideally, such systems are battery powered, consume negligible standby current, provide a relay output for operating any type of alarm generator (bell, siren, etc.), and have optional provision for incorporating 'panic', 'fire', or similar alarm facilities.

In this chapter we show a variety of basic burglar-alarm and accessory circuits that meet the above ideals, and explain how the reader can combine different circuits to produce a 'tailor-made' alarm system that meets his own specific needs. These systems can be as simple or as complex as the individual reader cares to make them. We also show three 10 W alarm-call generator circuits that can be used in place of alarm bells or sirens, and give advice on how to install a complete alarm system in the home. Most of the alarm circuits described are designed around readily available COS/MOS digital integrated circuits.

Basic burglar-alarm circuits

Contact-operated burglar alarms can be designed as either self-latching circuits, which turn on as soon as they are activated and then remain on indefinitely (or until their supply batteries run down), or as auto-turn-off circuits, which turn on as soon as they are activated but then

14

turn off again automatically after a preset period. Basic COS/MOS alarm systems of both these types are shown in *Figures 2.1* and *2.2*.

The self-latching operation of the *Figure 2.1* circuit is obtained by wiring two of the gates of CD4001 COS/MOS IC so that they act as a

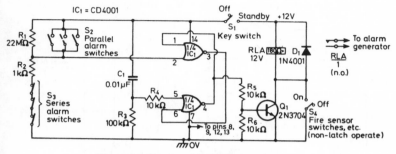

Figure 2.1 Simple self-latching burglar alarm

simple bistable multivibrator. The action of this bistable is such that its output (taken from pin 4) goes low and self-latches when a positive voltage or pulse is applied to pin 5, and its output goes high and self-latches when a positive voltage or pulse is applied to pin 2. Power is applied to the bistable and to the alarm sensor switches (S_2 and S_3) via key-operated switch S_1.

Assume, then, that S_2 is open and S_3 is closed. When key-switch S_1 is first set to the 'standby' position, pin 2 is held low by the potential divider action of R_1 and R_2, and a brief positive voltage pulse is fed to pin 5 from the supply line via C_1 and R_3-R_4. Consequently, the output of the bistable automatically goes low as soon as S_1 is closed. Under this condition zero base drive is applied to Q_1, so Q_1 and the relay and the alarm are all off. The circuit draws a typical current of about 1 μA in this standby mode: half of this current flows via R_1 and R_2, and the remainder as leakage via Q_1.

The alarm can be activated by opening any one of series-connected sensor switches S_3, or by closing any one of parallel-connected sensor switches S_2. Under this condition pin 2 of the bistable goes close to the positive supply-rail voltage, and the bistable changes mode and its output locks into the high state and switches the alarm generator on via Q_1 and the relay. The alarm then stays on indefinitely, and can be turned off only by opening S_1.

The auto-turn-off circuit of *Figure 2.2* is similar to that of *Figure 2.1*, except that the two gates of the IC are connected as a simple monostable multivibrator. The action of this monostable is such that its output goes to the low state when a positive voltage or pulse is fed to pin 5, but goes high for a preset period when a positive-going voltage transition is applied to pin 2. The value of this preset period is determined by the time constant of R_7 and C_2, and equals roughly four minutes (0.5 s/μF of C_2 value) with the C_2 value shown. At the end of this period the output of the monostable automatically switches back

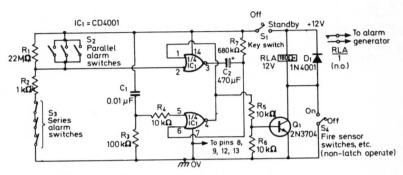

Figure 2.2 Simple auto-turn-off burglar alarm (turn-off delay ≈ 4 minutes)

to the low state. Note that the monostable can be triggered only by a positive-going transition of its pin 2 voltage, and its action is not influenced by 'standing' high or low voltages that may be applied to this pin.

Thus the output of the monostable automatically goes low as soon as key-switch S_1 is set to the 'standby' position. Under this condition the relay and the alarm are off, and the circuit consumes a typical standby current of 1 μA. The alarm can be activated by opening any one of series-connected sensor switches S_3, or by closing any one of parallel-connected sensor switches S_2. Under this condition a positive-going transition appears on pin 2 of the monostable, and its output switches into the high mode for a preset period and turns Q_1–RLA and the alarm on. At the end of this period the output of the monostable goes low again, irrespective of the states of S_2 and S_3, and Q_1–RLA and the alarm turn back off. The circuit can then be reset either by opening and then closing S_1, or by setting all S_2 and S_3 switches back to their original conditions.

Note in the *Figure 2.1* and *2.2* circuits that power is permanently applied to the Q_1–RLA sections of the designs, even when S_1 is in the 'off' position. This facility enables the alarm to be activated in the non-latching mode at all times via an n.o. temperature-sensing switch or thermostat, so that these circuits can also function as permanently-alert fire alarm systems. Any number of n.o. switches can be wired in parallel with S_4.

A weakness of the *Figure 2.1* and *2.2* circuits is that they give the owner no protection against intruders who may break into the house when the main alarm system is switched off. Protection against this type of intrusion can be obtained by scattering a number of series-connected n.c. 'panic' buttons around the house, so that a permanently alert self-latching alarm system can be activated manually at any time. This facility can readily be added to the *Figure 2.1* and *2.2* circuits, and *Figure 2.3* shows how it can be wired into the auto-turn-off system of *Figure 2.2*.

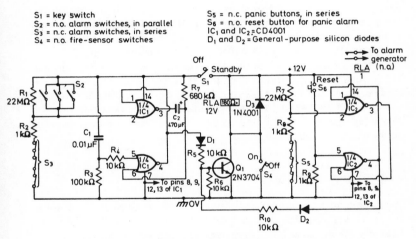

S_1 = key switch
S_2 = n.o. alarm switches, in parallel
S_3 = n.c. alarm switches, in series
S_4 = n.o. fire-sensor switches
S_5 = n.c. panic buttons, in series
S_6 = n.o. reset button for panic alarm
IC_1 and IC_2 = CD4001
D_1 and D_2 = General-purpose silicon diodes

Figure 2.3 Auto-turn-off alarm with 'panic' facility

Here, part of IC_2 is wired as a simple bistable multivibrator that is permanently connected to the supply lines. The output of the bistable is taken to the base of Q_1 via D_2 and R_{10}, so that Q_1 and the relay and alarm can be turned on via the bistable. D_1 is wired in series with R_5 of the main alarm system so that the two sections of the circuit do not interact adversely. The output of the bistable is normally latched into the low state, so the relay and alarm are normally off. If any of series-connected 'panic' buttons S_5 are opened, the bistable immediately changes mode and its output locks into the high state and drives RLA and the alarm on. Once the alarm has been turned on, it can be reset to the 'off' state by briefly closing 'reset' switch S_6. This panic facility adds 0.5 μA to the total quiescent current consumption of the complete alarm system.

The panic facility can be added to the *Figure 2.1* circuit by simply wiring D_1 in series with R_5, and adding IC_2 and its associated circuitry to the basic design.

Note in the *Figure 2.3* circuit that two independent CD4001 ICs are used. This is because all four of the gates in each IC are connected to the same supply-line points (pins 7 and 14), and in *Figure 2.3* we need to be able to remove the supply from one pair of gates while keeping it on the other. All unused pins of the ICs are tied to ground, as indicated.

Note that the relay used in each of the *Figure 2.1* to *2.3* circuits can be any 12 V type with a coil resistance of 180 Ω or greater, and with one or more sets of n.o. contacts. The contacts can be used to activate any type of alarm generator (bells, sirens, etc.), but these generators must be operated from their own power supplies, otherwise they may interfere with the electronic functioning of the actual alarm systems.

Also note that timing capacitor C_2 of the *Figure 2.2* and *2.3* circuits must have a reasonably low leakage, otherwise the alarms may fail to turn off at the end of their preset periods.

The circuits of *Figures 2.1* to *2.3* act as excellent burglar-alarm systems in their own right. Their capabilities can be considerably expanded, however, by adding on a few simple electronic accessories, as shown in the following section.

Alarm-system accessory circuits

A problem with all burglar-alarm systems is that of leaving or entering the house via a protected door once the system has been set into the 'standby' mode. A simple way around this problem is to fit a key-operated by-pass switch to the outside of the door, so that the door's sensor switch can be temporarily disabled by the authorised key holder.

In this case the procedure for leaving the house is first to open the door and disable its sensor via the key switch, then re-enter the house and set the alarm to 'standby', and then leave the house again, close the door and re-enable its sensor via the key switch. The procedure for re-entering the house without sounding the alarm is simply to disable the door sensor via the key switch, then enter the house and turn the alarm system off.

Most of the tedium of this procedure can be eliminated by equipping the alarm system with an 'exit delay' facility, which automatically disables the door sensor for a preset period after the main alarm system is switched to 'standby'. This facility enables the owner simply to switch the alarm system to 'standby' and then leave the house without sounding the alarm, but it is still necessary for the owner to disable the door-sensor switch manually on re-entry if entry is to be made without sounding the alarm.

If required, even this re-entry procedure can be eliminated by equipping the alarm system with a combined 'exit and entry delay' facility. This ensures that the alarm will not sound until a preset time after the door sensor is initially activated by the entry action, thus giving the owner time to enter the house and turn off or reset the alarm system before the alarm actually sounds.

Practical 'exit delay' and 'exit and entry delay' circuits are shown in *Figures 2.4* and *2.5*. These facilities can readily be added to any of the main alarm-system circuits shown in *Figures 2.1* to *2.3*.

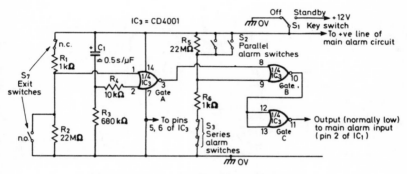

Figure 2.4 Alarm system 'exit delay' facility

The 'exit delay' facility of *Figure 2.4* uses three gates of a CD4001 IC. Door-sensor switch S_7 can be of either the n.o. or n.c. type, and is connected in such a way that the input to pin 1 of gate A is at positive rail voltage when the door is closed, and at ground volts when the door is open. Gate A is wired as a simple NOR gate, which gives a low output when either input is high, and time-delay network $C_1 - R_3$ is connected to the pin 2 input of the gate via R_4. When power is first applied to the circuit C_1 is fully discharged, so pin 2 is effectively shorted to the positive supply line via R_4, and the output of the gate is at ground volts, irrespective of the state of the door sensor switch. After a delay determined by C_1 and R_3 (roughly 0.5 s/μF of C_1 value) the pin 2 voltage decays to such a value that the gate is influenced by the state of the door sensor switch. If the door is closed at this point the gate output remains low, but if the door is open the output goes high.

The output of gate A is taken directly to pin 8 of gate B, which is also connected as a NOR gate, and the main section of the alarm system's sensor circuitry is taken to pin 9 of this gate in such a way that this pin is effectively grounded under normal conditions. The output of gate B is inverted by gate C, which thus gives an output that is normally low, and this output is passed on directly to pin 2 of IC_1 in the main alarm circuit.

Thus, the action of the *Figure 2.4* circuit is such that all sensor switches except S_7 are enabled as soon as S_1 is set to the 'standby' position, and S_7 is disabled for a preset period. At the end of this period S_7 is enabled, and the alarm is able to respond to the actions of S_7.

The combined 'exit and entry delay' facility circuit of *Figure 2.5* is similar to that of *Figure 2.4,* except that R_1 is increased to 10 kΩ,

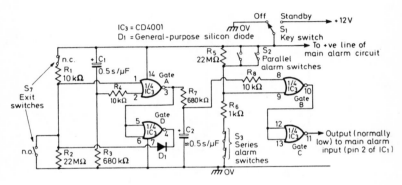

Figure 2.5 Alarm system 'exit and entry delay' facility

gate A is converted into a self-latching switch with the aid of D_1 and gate D, and the output of gate A is fed to the input of gate B via time-delay network $C_2 - R_7$ and R_8. Circuit action is as follows.

When power is first applied to the circuit all sensor switches are enabled except S_7, which is disabled for a preset period via time-delay network $C_1 - R_3$. The output of gate A is held in the low state under this condition. At the end of this preset period S_7 is enabled. If S_7 is activated after the end of this preset period, the output of gate A immediately goes high, and is locked in this state by the actions of D_1 and gate D. This high output voltage is applied to the input of gate B via time-delay network $C_2 - R_7$, and after a preset delay (roughly equal to 0.5 s/μF of C_2 value) the voltage reaching gate B rises to such a value that the alarm is activated.

The circuit of *Figure 2.4* or *2.5* can be added to any of the main alarm circuits of *Figures 2.1* to *2.3* simply by removing the existing connections to pin 2 of IC_1, rewiring the existing alarm sensors into the *Figure 2.4* or *2.5* circuit, and connecting the outputs of this circuit to pin 2 of IC_1. Note that it is also necessary to wire the 'off' pin of key-switch S_1 to ground if a delay circuit is used, so as to provide a discharge path for its timing capacitors.

All the burglar alarm circuits shown in this chapter give reliable performances, and are not prone to giving false alarms under normal circumstances. One 'exceptional' circumstance which may initiate false alarms in any type of alarm system is a thunderstorm, where heavy electrical discharges may induce such large energy pulses into the alarm sensor wiring that the alarm is made to trigger falsely. In COS/MOS alarm systems this possibility can be eliminated by interposing 'sensor

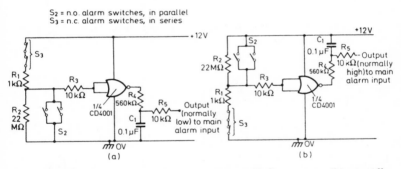

Figure 2.6 Sensor transient suppressors: (a) normally-low output; (b) normally-high output

transient suppressors' between the outputs of the main sensor networks and the inputs of the main alarm systems. *Figure 2.6* shows practical circuits of this type.

Here, a spare gate of a CD4001 IC is wired as a simple inverter, and the input of this gate is connected to the output of the main sensor network via limiting resistor R_3. The output of the gate is taken to the input of the main alarm via R_5 and time-constant network $C_1 - R_4$. This network only passes signals that are applied to the gate input for periods greater than 50 ms. Consequently, the circuit rejects short-duration spurious pulses that are induced into the sensor wiring, but passes longer-duration signals that are generated by the activation of the sensor switches.

The *Figure 2.6a* circuit is intended for applications where the sensor input to the main alarm system is required to be normally low, and the *Figure 2.6b* circuit is for use where the sensor input needs to be normally high. In practice, these 'transient suppressor' circuits are only likely to be needed in cases where the lengths of alarm-sensor wiring exceed fifty metres or so, since all the alarm circuits shown in this chapter have fairly low input impedances (1 kΩ or 10 kΩ) when the sensor switches are in their normal states, and are thus not unduly sensitive to induced signals.

One final accessory that can be added to a burglar alarm system is an 'intrusion recorder'. This gadget is intended for use in auto-turn-off alarm systems only, and consists of a low-power sound generator that turns on and self-latches if an intrusion occurs, thus giving a continuous indication of the intrusion. The device can tell the owner that an intrusion has occurred during his absence from the house, even though the main alarm system has turned off and no signs of the intrusion are visible.

A practical 'intrusion recorder' circuit is shown in *Figure 2.7*. The circuit is permanently wired across the supply lines, and its operation

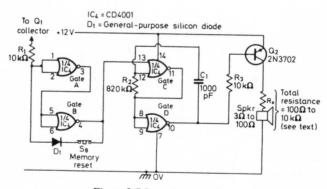

Figure 2.7 Intrusion recorder

is quite simple. Gates C and D are wired as a gated 800 Hz oscillator, which drives a speaker via Q_2 and R_x, and is activated from the collector of Q_1 of the main alarm system via the self-latch switch formed by gates A and B. Normally, the collector voltage of Q_1 is high and the alarm relay is off, and under this condition the 800 Hz oscillator is inoperative and the recorder circuit consumes a quiescent current of about 1 μA. If the main alarm system is activated the relay turns on for a preset period and the collector of Q_1 goes high. Under this condition, gates A and B of the recorder turn on and self-latch, and activate the 800 Hz oscillator, thus causing an audible signal to be generated in the speaker. Once this signal has been initiated, it can only be stopped again by operating 'reset' switch S_8.

The *Figure 2.7* circuit can be added to the auto-turn-off circuit of *Figure 2.2* or *2.3* simply by wiring it across the supply lines and connecting R_1 to the collector of Q_1. The speaker used in the circuit can have any impedance in the range 3 Ω to 100 Ω. The combined series value of R_x and the speaker impedance can be varied from a minimum value of 100 Ω up to 10 kΩ, depending on the sound level that is wanted from the speaker. The maximum power output of the circuit is about 250 mW when R_x has a value of zero and a 100 Ω speaker is used, and in this case the circuit consumes roughly 50 mA of current. Proportionately lower currents are consumed at lower power levels.

A comprehensive alarm system

The alarm system accessory circuits of *Figures 2.4* to *2.7* can be added to the basic alarm circuits of *Figures 2.1* to *2.3* in any combination, depending on the requirements of the individual reader. The final alarm system can be as simple or as complex as the reader desires.

The comprehensive alarm system of *Figure 2.8* is shown as an example of how a number of different circuits can be wired together to meet a specific alarm system requirement. In this case the alarm is of the auto-turn-off type, has a 'panic' facility and an intrusion recorder, and is intended for use with an n.o. exit/entry switch. The system incorporates an 'exit and entry delay' facility, giving delays of about 25 seconds in each mode, and has transient suppression applied to the main sensor network. The system has provision for non-latch activation via n.o. heat-sensing switches, and thus also functions as an automatic fire alarm.

The 'panic' facility is designed around IC_2, and the intrusion recorder is designed around IC_4. Both of these sections of the circuit are permanently wired across the supply lines. The auto-turn-off operation is obtained via IC_1, and one of the spare gates of this IC is used to provide transient suppression for the main sensor network. Finally, IC_3 provides the 'exit and entry delay' facility. All four of the ICs used in the system are CD4001 types. Note that the 'off' terminal of key-switch S_1 is taken directly to ground, to provide a discharge path for the system's timing capacitors.

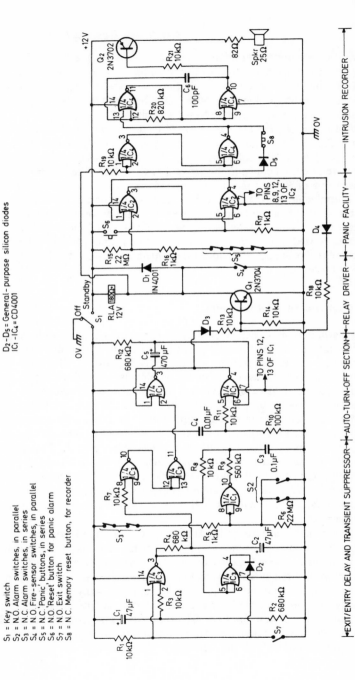

S₁ = Key switch
S₂ = N.O. Alarm switches, in parallel
S₃ = N.C. Alarm switches, in series
S₄ = N.O. Fire-sensor switches, in parallel
S₅ = N.C. 'Panic' buttons, in series
S₆ = N.O. 'Reset' button for panic alarm
S₇ = N.O. Exit switch
S₈ = N.C. Memory reset button, for recorder

D₂–D₅ = General-purpose silicon diodes
IC₁–IC₄ = CD4001

├─ EXIT/ENTRY DELAY AND TRANSIENT SUPPRESSOR ─┤├─ AUTO-TURN-OFF SECTION ─┤├─ RELAY DRIVER ─┤├─ PANIC FACILITY ─┤├─ INTRUSION RECORDER ─┤

Figure 2.8 Comprehensive alarm system

A utility burglar alarm system

The burglar alarm circuits shown so far in this chapter are presented
with the aim of enabling the reader to build an alarm system that
meets his own specific requirements, which may be very simple or
quite complex. By contrast, *Figure 2.9* shows the circuit of a utility
burglar alarm that gives a very useful but restricted performance in
home applications. Briefly, this circuit is designed for use with series-
connected n.c. switches, and the alarm gives self-latching operation, so
that once it is activated it continues to sound until it is turned off via a
key-switch or its supply batteries run flat. The circuit action is such
that an LED (light-emitting diode) illuminates if any of the n.c. sensor
switches is open, but the actual alarm generator is automatically disabled for about 50 seconds when the circuit is first set to 'standby' via
its key-switch. The actual alarm generator can use the same power
supply as the *Figure 2.9* circuit, and the complete system can readily
be modified to give 'fire' and 'panic' facilities.

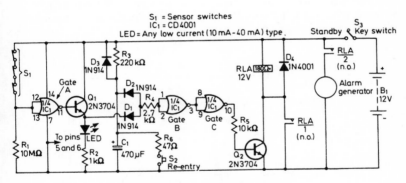

Figure 2.9 Utility burglar alarm system

In use, the alarm is first set to 'standby' via the key-switch, and the
owner can then check by the LED that all sensor switches are correctly
closed. The owner then has about 50 seconds in which he can leave the
house without sounding the alarm. At the end of this period the whole
alarm circuit becomes enabled, and if any of the sensor switches is
subsequently opened the alarm generator activates and self-latches
until the system is turned off manually or the supply batteries run flat.
The owner can enter the house without activating the alarm by
operating a simple push-button disabling switch fitted to the outside
of the entry door.

The operation of the *Figure 2.9* circuit is quite simple. The series-connected n.c. sensor switches are taken to the input of gate A, which is used as a simple inverter, and the output of the inverter is taken to the LED via emitter-follower Q_1. The output of Q_1 is fed to relay-driving transistor Q_2 via a two-input diode AND gate formed by D_1 and D_2, and via gates B and C, which are connected as a non-inverting buffer stage. The other input of the AND gate is taken from the junction of the $R_3 - C_1$ time-delay network; the action here is such that C_1 is fully discharged when power is first applied to the circuit, so gates B and C and transistor Q_2 are disabled, but after a delay of about 50 seconds C_1 charges to such a level that these components become enabled, and the relay operates if any of the input switches open and the LED goes on. The relay is made self-latching via the n.o. $RLA/1$ contacts, and the n.o. $RLA/2$ contacts are used to operate the alarm generator.

Note that the circuit can at any time be disabled for a period of about 50 seconds by briefly operating push-button switch S_2, so that it discharges C_1. In practice, S_2 can be concealed outside the house near the main entry point, so that the owner can enter the house without sounding the alarm. D_3 automatically discharges C_1 when power is removed from the circuit.

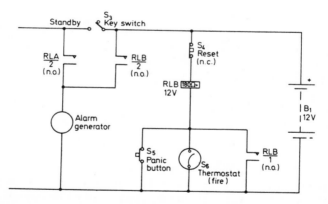

Figure 2.10 Modification to Figure 2.9 circuit: 'fire' and 'panic' protection fitted

Finally, *Figure 2.10* shows how an additional relay can be wired into the above circuit so that it also gives 'fire' and 'panic' protection. Here, n.c. push-button switch S_4 and the parallel-connected combination $S_5 - S_6 - RLB/1$ are all wired in series with relay B, and the combination is permanently wired across the supply lines. The n.o. *RLB*/2 contacts are used to connect the alarm generator to the supply lines.

The circuit action is such that *RLB* is normally off, but the relay turns on and self-latches and activates the alarm generator if any of the S_5 or S_6 switches briefly close. Any number of n.o. 'panic' buttons can be wired in parallel with S_5, and any number of n.o. thermostats can be wired in parallel with S_6. Once *RLB* has turned on, it can be turned off again by briefly opening S_4, which may be located in a concealed position.

10 W alarm-call generator circuits

All the burglar alarm circuits shown in this chapter give relay outputs, which can be used to activate any type of alarm-call generator. They can be used to activate bells, sirens, or electronic generators that produce an output in a loudspeaker. Three suitable 10 W electronic generators are described in this section.

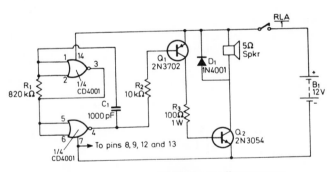

Figure 2.11 Monotone 10 W alarm-call generator

Figure 2.11 shows the circuit of a simple 10 W monotone alarm-call generator. Here, two gates of a CD4001 IC are inter-connected as an 800 Hz square-wave generator. The output of the generator is fed to a 5 Ω speaker via a direct-coupled power amplifier stage formed by Q_1 and Q_2. The action of the circuit is such that the transistors are alternately switched from the fully off to the saturated state at a rate of 800 Hz, so the power losses of the circuit are low. More than 10 W of power are fed to the speaker from the 12 V supply. Note that the two unused gates of the IC are disabled by wiring their input pins (pins 8, 9, 12 and 13) to pin 7.

Figure 2.12 shows the circuit of a pulsed-tone alarm-call generator, which produces an 800 Hz tone that is pulsed on and off at a rate of

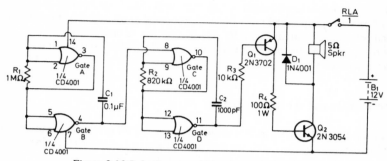

Figure 2.12 Pulsed-output 10 W alarm-call generator

6 Hz. Here, gates A and B are wired as a 6 Hz square-wave generator, which is used to alternately enable and disable the 800 Hz oscillator formed by gates C and D. The output of the 800 Hz oscillator is fed to the speaker via Q_1 and Q_2, and more than 10 W of power are fed to the speaker from the 12 V supply.

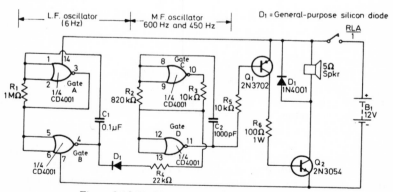

Figure 2.13 Warble-tone 10 W alarm-call generator

Finally, *Figure 2.13* shows the connections for making a warble-tone generator, in which the output switches alternately between 600 Hz and 450 Hz at a rate of 6 Hz. Here, the 6 Hz oscillator formed by gates

A and B is used to vary the periods and thus the frequency of the oscillator formed by gates C and D. The output of the IC is fed to the speaker via Q_1 and Q_2, and the output power of the circuit is greater than 10 W.

Note that the alarm-call generator circuits of *Figures 2.11* to *2.13* each use a 12 V battery supply. Also note that each circuit uses a 5 Ω speaker, and that a damping diode is wired across this speaker to suppress unwanted back e.m.f.s.

Each alarm-call generator circuit can be activated from the main alarm system by wiring the alarm's n.o. *RLA* contacts in series with the generator's positive supply lines, as shown in the diagrams. Note that, except in the case of *Figure 2.9*, the generator must use supplies that are independent of those of the main alarm system.

Alarm sensor systems

All the alarm circuits described in this chapter are 'contact operated' types. They are activated by the making or breaking of electrical contacts that are built into simple 'sensor' devices. These sensors can take the form of microswitches or reed-relays that are activated by the opening of a door or window, or of pressure pads that close when a person treads on a rug or carpet, or of lengths of wire or foil that break when a person forces an entry through a window, wall, floor or ceiling.

The selection of a complete alarm sensor installation depends on a number of factors. Amongst these are the physical details of the building that is to be protected, the value of the goods that are to be protected, and the ideas on crime prevention of the individual property owner. The choice of an installation is a very personal matter; the following notes are given to help the reader make that choice.

Any building can, for crime prevention purposes, be regarded as a box that forms an enclosing perimeter around a number of interconnected compartments. This perimeter 'box' is the shell of the building, and contains walls, floors, ceilings, doors and windows. To commit any crime within the building, the intruder must break through this perimeter, which thus forms the owner's first line of defence.

Once an intruder has entered the building, he can move from one room or 'compartment' to the next only along paths that are predetermined by the layout of internal doors and passages. In moving from one compartment to the next he must inevitably pass over certain 'spots' in the building, as is made clear in *Figure 2.14*, which shows the ground-floor plan of a small house. Thus to move between the lounge and the hall he must pass over spot X_1, to move between the kitchen and the hall he would tend to pass over spot X_2, and to move from the ground floor to the upper floor he must pass over spot X_3. These 'spot' points form the owner's second line of defence.

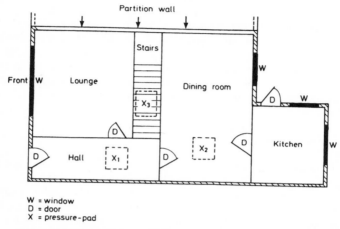

W = window
D = door
X = pressure-pad

Figure 2.14 Ground-floor plan of small house, showing suitable positions for pressure-pad 'spot' defences

Thus the owner can obtain protection by using full or partial 'perimeter' defence, or by using 'spot' defence, or by using a combination of the two methods.

The most expensive type of alarm-sensor installation that can be fitted is the full perimeter defence system, which includes series-connected sensor wires built into all walls, floors and ceilings, as well as microswitches or reed-relays on all doors and windows. This type of installation is normally fitted only to commercial buildings such as jewelry stores or lock-up shops, etc., where the risk of burglary by skilful intruders is very high.

The least expensive type of alarm-sensor installation is the spot defence system, which can consist of just two or three pressure pads wired in parallel and hidden under rugs or carpets. This type of installation is adequate where the risk of burglary is small and the value of the protected goods is fairly low.

Intermediately priced partial perimeter defence installations can range from something as simple as a microswitch on a single side or rear door, to something that includes microswitches or reed-relays on all doors and window frames, plus protective foil on all windows and skylights. These systems can give adequate protection against most amateur and professional burglars, particularly when the installation is coupled to a spot defence system.

Burglars can, in general terms, be described as being of three basic types. The most common is the novice or amateur burglar, who enters a house at random in the hope of finding items worth stealing. This type of intruder usually has insufficient skill or motivation to beat even the simplest detector devices, and will flee at the first sound of an alarm bell.

The second type of intruder is the small-time professional. This type of burglar breaks into a house only if he is sure that it contains valuable items. Before attempting to enter a house he makes a thorough reconnaissance of its defence systems, and commits the actual burglary only if he thinks he has found an unprotected entry point, such as a skylight or an accessible ceiling or floor. He may be so 'cool' that he will ignore an alarm bell for several minutes before fleeing. The best defence against this type of intruder is a carefully thought out partial perimeter system, combined with a few 'spot' defence points.

Finally, the most difficult burglar to beat is the organised or gang professional, who plays for high stakes and will go to great lengths to win. He may be willing to simply crash his way through a defence wall, or hurt anyone that gets in his way. He may be undeterred by the sound of an alarm. The most effective defence against this type of criminal is a multiple perimeter system, in which the main building is surrounded by a partially protected outer perimeter, such as a wall, and all valuables are held within a fully protected inner perimeter, such as a strong-room.

Note that all alarm systems should, ideally, be fitted with a panic facility, to enable the owner to summon aid if an intrusion occurs while he is on the premises.

Different crime-prevention authorities have different ideas on the best way to protect a home against burglary. Some claim that every effort should be made to keep burglars out of the house at the outset, and that all possible points of entry should be protected. Others claim that a determined and skilful burglar can get past all but the most comprehensive of perimeter defence systems, so the most sensible approach is to have a very simple partial perimeter defence system combined with a good spot defence network, so that an intruder can enter the premises with relative ease but is scared off as soon as he gets inside.

Thus there are many points to consider when selecting a sensor system, and the reader must make up his own mind as to the best system to use in his particular case. Once the sensor system has been selected, the layout of the full alarm system installation must be considered. The following notes should be of value in this respect.

Alarm system installations

Figure 2.15 shows how a full alarm system installation can be broken down into three basic 'blocks', namely the sensor network, a control centre, and the alarm-call generator. The layout of the sensor network has already been discussed, and is a matter for individual decision.

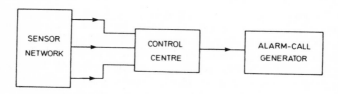

Figure 2.15 Block diagram of practical alarm-system installation

The alarm-call generator can be mounted in a prominent position on the front of the building, to act as a deterrent to would-be burglars, or it can be concealed in the eaves of the house in such a position that it can be heard equally well inside and outside the building. In either instance, the generator and its battery supply should be housed in a strong, burglar-proof box, and connected to the control centre either via an armoured cable or via cable that is concealed in the plasterwork, etc.

The control centre contains the electronics of the alarm system, together with the system's supply battery, plus a number of switches that enable different parts of the system to be turned on or off or to be tested. The centre should ideally be housed in a burglar-proof box, and the connections to the sensors should be made via armoured cable or concealed wiring.

Figure 2.16 shows a typical control-centre instrument panel, with five control switches. Switch S_1 is the main alarm system's 'on/off' control. As mentioned earlier, certain sections of the alarm system (such as fire sensors and panic facilities) must be permanently enabled, so S_1 controls the burglar alarm section of the circuit only. S_2 enables any auxiliary sensor devices, such as flood, overheat or power-failure detectors, to be switched in or out of the alarm system. Switches S_3 to

S_5 enable individual sections of the burglar-alarm sensor system, such as front door, stair or garage defences, to be connected or disconnected from the circuit.

Front door defences	Stair defences	Garage defences	Main alarm system	Auxiliary inputs
ON	ON	ON	ON	ON
⊙	⊙	⊙	⊙	⊙
OFF	OFF	OFF	OFF	OFF
S_3	S_4	S_5	S_1	S_2

Figure 2.16 Typical control-centre instrument panel

Finally, *Figure 2.17* shows the connections for turning individual sections of the alarm sensor network on and off. Series-connected n.c. sensor networks can be enabled or disabled by wiring them in parallel with S_1, as shown in *Figure 2.17a*. The sensors are enabled when S_1 is

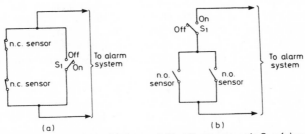

Figure 2.17 Method of enabling and disabling sensors via S₁: (a) series-connected, n.c., (b) parallel-connected, n.o.

open, and are disabled when S_1 is closed. Parallel-connected n.o. sensor networks can be enabled and disabled by wiring them in series with S_1, as shown in *Figure 2.17b*. The sensors are enabled when S_1 is closed, and are disabled when S_1 is open.

TEMPERATURE-OPERATED ALARM CIRCUITS

Temperature-operated alarms can be used as automatic fire or overheat alarms, as frost or underheat alarms, or as differential temperature alarms that operate when two temperatures differ by more than a preset amount. The alarms may be designed to give an audible loud-speaker output, an alarm-bell output, or a relay output that can be used to operate any kind of audible or visual warning device. The alarms may use thermostats, thermistors or solid-state devices as their temperature-sensing elements.

Temperature-operated alarms have many practical applications in the home and in industry. They can be used to give warning of fire, frost, excessive boiler temperature, the failure of a heating system, or over-heating of a piece of machinery or of a liquid. A wide range of useful alarm types are described in this chapter.

Thermostat fire-alarm circuits

One of the simplest types of temperature-operated alarm is the thermostat-activated fire alarm. *Figure 3.1* shows the practical circuit of a relay-aided non-latching alarm of this type. Here, a number of n.o. thermostats are wired in parallel and then connected in series with the coil of a relay, and one set of the relay's n.o. contacts are wired in series with the alarm bell so that the bell operates when the relay turns on.

Normally, the thermostats are all open, so the relay and the alarm bell are off. Under this condition the circuit consumes zero standby current. At 'overheat' temperatures, on the other hand, one or more of the thermostats closes, and thus turns on the relay and thence the alarm bell. Note that push-button switch S_1 is wired in parallel with the thermostats, so that the circuit can be functionally tested by operating the push-button.

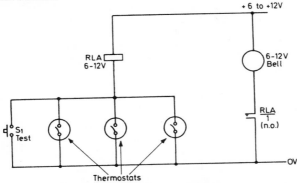

Figure 3.1 Simple relay-aided non-latching fire alarm

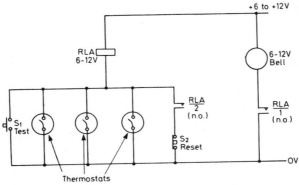

Figure 3.2 Simple relay-aided self-latching fire alarm

The thermostats used in this and all other circuits described here must be n.o. types that close when the temperature exceeds a preset limit. When the thermostats are located in normal living areas they should be set to close at a temperature of roughly 60°C (140°F), but when they are located in unusually warm places, such as furnace rooms or attics, they should be set to close at about 90°C (194°F).

The basic *Figure 3.1* circuit gives a non-latching form of operation. If required, the circuit can be made self-latching by wiring a spare set of n.o. relay contacts in parallel with the thermostats, as shown in *Figure 3.2*. Note that n.c. push-button switch S_2 is wired in series with the relay contacts, so that the circuit can be reset or unlatched by momentarily operating S_2.

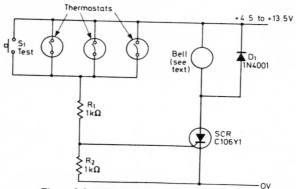

Figure 3.3 SCR-aided non-latching fire alarm

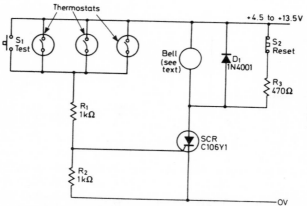

Figure 3.4 SCR-aided self-latching fire alarm

Bell-output fire-alarms can sometimes be activated via an SCR rather than a relay; *Figure 3.3* shows a typical circuit of this type. Here, a self-interrupting type of alarm bell is wired in series with the SCR anode, and gate current is provided from the positive supply line via the thermostats and via current-limiting resistor R_1. Normally the thermostats are open, so the SCR and the bell are off, and the circuit passes only a small leakage current. At high temperatures the thermostats close, so gate current is applied via R_1, and the SCR and the alarm bell turn on.

The basic *Figure 3.3* circuit gives a non-latching form of operation. The circuit can be made self-latching by wiring shunt resistor R_3 across the bell as shown in *Figure 3.4*, so that the SCR current does not fall below its latching value when the bell goes into its self-interrupting mode. Note that push-button switch S_2 is wired in series with R_3 so that the circuit can be reset or unlatched.

It should be noted that the SCR used in the *Figure 3.3* and *3.4* circuits has a current rating of only 2 A, so the alarm bell should be selected with this point in mind. Alternatively, SCRs with higher current ratings can be used in place of the device shown, but this modification may also necessitate changes in the R_1 and R_3 values of the circuits.

Thermostat fire alarms can be made to generate an alarm signal directly into a loudspeaker by using the connections of *Figure 3.5* or *3.6*. The *Figure 3.5* circuit generates a pulsed-tone non-latching alarm signal, while the *Figure 3.6* circuit generates an 800 Hz (monotone) self-latching alarm signal. Both are designed around a CD4001 COS/MOS digital IC.

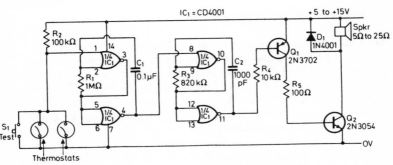

Figure 3.5 800 Hz pulsed-output non-latching fire alarm

The *Figure 3.5* circuit, which gives an output tone of 800 Hz pulsed on and off at a rate of 6 Hz, is based on the circuit of *Figure 1.11a* combined with a medium-power output stage. A full description of the circuit operation is given in Chapter 1.

The *Figure 3.6* self-latching circuit, which gives an 800 Hz monotone output, is based on the circuit of *Figure 1.14a* combined with a medium-power output stage. A full description of the operation of this circuit is also given in Chapter 1.

The circuits of *Figures 3.5* and *3.6* can be used with any supply voltages in the range 5–15 V, and with any speaker impedances in the range 5–25 Ω. The actual output power of each circuit depends on the

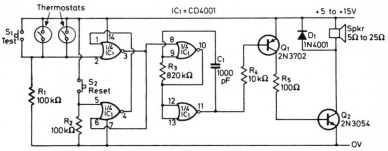

Figure 3.6 800 Hz monotone self-latching fire alarm

values of supply voltage and speaker impedance that are used, and varies from 0.25 W when a 25 Ω speaker is used with a 5 V supply, to 11.25 W when a 5 Ω speaker is used with a 15 V supply.

Over-temperature alarm circuits

Over-temperature alarm circuits can readily be made to generate a variety of types of alarm signal when a monitored temperature rises above a preset level. The preset level may range from well below Arctic temperatures to well above the boiling point of water. The alarm may be designed to give an audible loudspeaker output, an alarm-bell output, or a relay output that can be used to operate any kind of audible or visual warning device, and may use thermistors or solid-state diodes as its temperature-sensing elements.

Five useful over-temperature alarm circuits are described in this section. Most of them use inexpensive negative temperature coefficient (n.t.c.) thermistors as their temperature-sensing elements. These devices act as temperature-sensitive resistors that present a high resistance at low temperatures and a low resistance at high temperatures.

The thermistor circuits described in this and the following sections of this chapter have all been designed to work with thermistors that present a resistance of roughly 5 kΩ at the desired operating temperature. All these circuits are highly versatile, however, and will work well with any n.t.c. thermistors that present a resistance in the range 1 kΩ to 20 kΩ at the required temperature.

Figure 3.7 shows the practical circuit of a simple but highly efficient over-temperature alarm that gives a relay output. Here, the thermistor and $R_1 - R_2 - R_3$ are wired in the form of a simple bridge, in which R_1 is adjusted so that the bridge is almost balanced at the desired operating temperature, and a type 741 operational amplifier and transistor Q_1 are used as the bridge balance detector and relay driver.

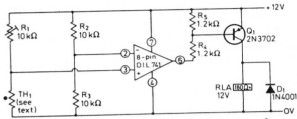

Figure 3.7 Relay-output precision over-temperature alarm

The 741 op-amp is used in the open-loop mode in the *Figure 3.7* circuit, and the device characteristics under this condition are such that its output (at pin 6) is driven to negative saturation (i.e. goes to almost zero volts) if its inverting (pin 2) input is more than a few millivolts positive to the non-inverting (pin 3) input, and is driven to positive saturation (i.e. goes to almost full positive-rail voltage) if its inverting input is more than a few millivolts negative to the non-inverting input. Thus when the bridge of the *Figure 3.7* circuit is close to balance, the op-amp can be driven from full positive saturation to full negative saturation, and vice versa, by pin 2 to pin 3 differential voltage changes of only a few millivolts.

Suppose, then, that the bridge is adjusted so that it is close to balance at the desired 'alarm' temperature. When the temperature falls below this value, the resistance of the thermistor increases, so the voltage on pin 3 of the op-amp rises above that of pin 2. Consequently, since pin 2 is negative to pin 3, the op-amp goes to positive saturation and applies zero base drive to Q_1, so Q_1 and the relay are off under this condition.

When, on the other hand, the temperature rises above the preset 'alarm' value, the resistance of the thermistor falls and the voltage on pin 3 of the op-amp falls. Consequently, since pin 2 is positive to pin 3, the op-amp goes to negative saturation and applies heavy base drive to Q_1, so Q_1 and the relay are driven on under this condition. Thus the relay goes on when the temperature rises above the preset level, and turns off when the temperature falls below the preset level.

Important points to note about the *Figure 3.7* circuit are that, because of the bridge configuration used, its accuracy is independent of variations in supply voltage, and that the alarm is capable of responding to resistance changes of less than 0.1 per cent in the thermistor, i.e. to temperature changes of a fraction of a degree.

Another point to note is that the circuit is quite versatile. It can, for example, be converted to a precision under-temperature alarm by simply transposing the R_1 and thermistor positions, or by transposing the pin 2 and pin 3 connections of the op-amp, or by redesigning the Q_1 output stage so that it uses an npn transistor in place of the pnp device. Similarly, there are a number of alternative ways of connecting the circuit so that it operates as a precision over-temperature alarm.

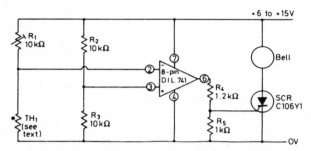

Figure 3.8 Direct-output precision over-temperature alarm

One such alternative, shown in *Figure 3.8,* provides a precision over-temperature alarm with an alarm-bell output. The circuit is similar to that of *Figure 3.7,* except that the pin 2 and pin 3 connections of the op-amp are transposed, and the output of the op-amp is used to drive the gate of an SCR rather than the base of a pnp transistor. The circuit action is such that the op-amp goes to negative saturation at 'low' temperatures, so zero drive is applied to the SCR gate and the SCR and the alarm bell are both off, but the op-amp goes to positive saturation at 'high' temperatures and thus drives the SCR and the alarm bell on. The SCR specified in the circuit has a mean current rating of only 2 A, so the alarm bell (a self-interrupting type) must be selected with this point in mind.

The two temperature-alarm circuits that we have looked at so far are designed to use thermistors with nominal resistances of 5 kΩ as their temperature-sensing elements, and these thermistors dissipate several milliwatts of power under working conditions. In some special applications this power dissipation may cause enough self-heating of the thermistor to upset the thermal sensing capability of the device. In such cases an alternative type of temperature-sensing device may have to be used.

Ordinary silicon diodes have temperature-dependent forward volt-drop characteristics, and can thus be used as temperature-sensing elements. Typically, a silicon diode gives a forward volt drop of about 600 mV at a current of 1 mA. If this current is held constant, the volt drop changes by about -2 mV for each degree centigrade increase in diode temperature. All silicon diodes have similar thermal characteristics. Since the power dissipation of the diode is a mere 0.6 mW under the above condition, negligible self-heating takes place in the device, which can thus be used as an accurate temperature sensor.

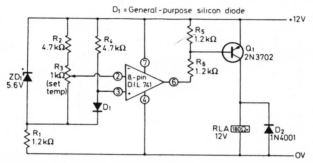

Figure 3.9 Relay-output over-temperature alarm using silicon-diode temperature sensing element

Figure 3.9 shows how a general-purpose silicon diode can be used as a thermal sensing element in an op-amp over-temperature alarm circuit. Here, zener diode ZD_1 is wired in series with R_1 so that a constant 5.6 V is developed across the two potential dividers formed by R_2-R_3 and R_4-D_1. A virtually constant current thus flows in each of these dividers. A constant reference voltage is thus developed between the R_1-R_3 junction and pin 2 of the op-amp, and a temperature-dependent voltage with a coefficient of -2 mV/°C is developed between the R_1-R_3 junction and pin 3 of the op-amp. Thus a differential voltage with a coefficient of -2 mV/°C appears between pins 2 and 3 of the op-amp.

In practice this circuit is set up by simply raising the temperature of D_1 to the required over-temperature trip level, and then slowly adjusting R_3 so that the relay just turns on. Under this condition a differential temperature of about 1 mV appears between pins 2 and 3 of the op-amp, the pin 3 voltage being below that of pin 2, and Q_1 and the relay are driven on. When the temperature falls below the trip level, the pin 3 voltage rises above that of pin 2 by about 2 mV/°C change in temperature, so Q_1 and the relay turn off. The circuit has a typical sensitivity of about 0.5°C, and can be used as an over-temperature alarm at temperatures ranging from sub-zero to above the boiling point of water.

It should be noted that the operation of the circuit can be reversed, so that it works as an under-temperature alarm, by simply transposing the pin 2 and pin 3 connections of the op-amp.

Finally in this section, *Figures 3.10* and *3.11* show the circuits of a pair of over-temperature alarms that give alarm outputs directly into loudspeakers. The *Figure 3.10* circuit generates a pulsed-tone alarm

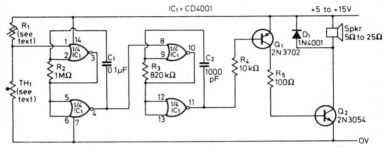

Figure 3.10 800 Hz pulsed-output non-latching over-temperature alarm

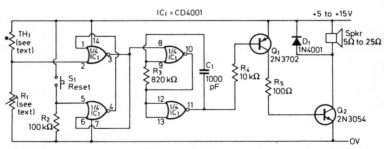

Figure 3.11 800 Hz monotone self-latching over-temperature alarm

signal, and gives non-latching operation. The *Figure 3.11* circuit generates an 800 Hz monotone alarm signal and gives self-latching operation. Both circuits are designed around a CD4001 COS/MOS IC.

The *Figure 3.10* and *3.11* circuits are identical to the *Figure 3.5* and *3.6* fire-alarm circuits respectively, except that their input activating signals are taken from the junction of the $R_1 - TH_1$ potential divider rather than from the contacts of the thermostats.

An inherent feature of the *Figure 3.10* and *3.11* COS/MOS circuits is that they become enabled or disabled when their input activating voltages rise above or fall below a precisely defined 'threshold' value. This threshold voltage is not a fixed value, but is equal to a fixed percentage of the circuit's supply voltage, as in the case of a resistive potential divider. Consequently, these circuits switch from a disabled to an enabled state, or vice versa, when the $R_1 - TH_1$ ratios go above or below a precisely defined value. This ratio is independent of the supply voltage, but is dependent on the threshold value of the individual CD4001 IC that is used in each circuit. The ratio has a nominal value of 50:50, but in practice may vary from 30:70 to 70:30 between individual ICs.

What the above paragraph means in practice is that the *Figure 3.10* and *3.11* circuits each turn on when their temperatures exceed a value that is preset by R_1. The circuits have typical sensitivities of about 0.5°C.

The basic *Figure 3.10* and *3.11* circuits can be used with any supply voltages in the range 5−15 V, and with speaker impedances in the range 5−25 Ω. The circuits give output powers in the range 0.25 W to 11.25 W, depending on the values of impedance and voltage that are used.

Under-temperature alarm circuits

The over-temperature alarm circuits of *Figures 3.7* to *3.11* can all be converted to give under-temperature alarm operation by making very simple alterations to their input connections, as shown in *Figures 3.12* to *3.16*.

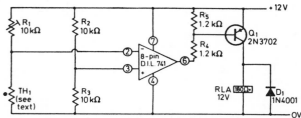

Figure 3.12 Relay-output precision under-temperature alarm

Figures 3.12 to *3.14* show how the circuits of *Figures 3.7* to *3.9* can be converted to under-temperature alarm operation by simply transposing the connections of pins 2 and 3 of their op-amps. *Figures 3.15* and *3.16* show how the circuits of *Figures 3.10* and *3.11* can be converted to under-temperature alarms by simply transposing their R_1 and TH_1 positions.

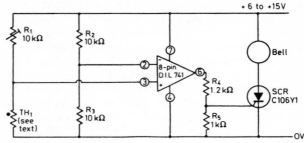

Figure 3.13 Direct-output precision under-temperature alarm

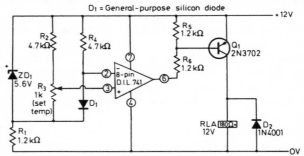

Figure 3.14 Relay-output under-temperature alarm using silicon-diode temperature sensing element

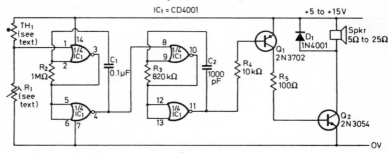

Figure 3.15 800 Hz pulsed-output non-latching under-temperature alarm

As a point of general interest, it may be noted that temperature alarms are normally used in the non-latching mode, so that the alarms are always off when the monitored temperature is within its preset limits. All the circuits of *Figures 3.7* to *3.15,* except *Figure 3.11,* are designed to give this kind of operation. If required, the circuits of *Figures 3.7, 3.9, 3.12* and *3.14* can each be made self-latching by wiring a spare set of n.o. relay contacts between the emitter and

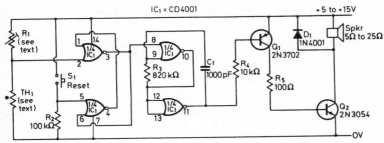

Figure 3.16 800 Hz monotone self-latching under-temperature alarm

collector of Q_1, and the circuits of *Figures 3.8* and *3.13* can each be made self-latching by wiring a 470 Ω resistor in parallel with the alarm bell.

Miscellaneous temperature alarms

The temperature alarm circuits that we have looked at so far are all designed to indicate an alarm condition when the temperature either goes above or below a preset level. In this final section of the chapter we show three other types of temperature-alarm system. Two of these systems are designed to indicate an alarm condition if the temperature deviates from a preset level by more than a preset amount, and the third system gives an alarm indication if two monitored temperatures differ by more than a preset amount. All three alarm systems are designed to give a relay output, which can be used to operate any type of audible or visual alarm device.

Figures 3.17 and *3.18* show the circuits of a pair of temperature-deviation alarms, which give an alarm indication if the temperature deviates from a preset level by more than a preset amount. The *Figure 3.17* circuit has independent over-temperature and under-temperature relay outputs, while the *Figure 3.18* circuit has a single relay output that activates if the temperature goes above or below preset levels.

Both circuits are made by combining the basic over-temperature and under-temperature circuits of *Figures 3.7* and *3.12*. The right (over-temperature) half of each circuit is based on that of *Figure 3.7,* and the left (under-temperature) half is based on that of *Figure 3.12*. Both halves of the circuit share a common $R_1 - TH_1$ temperature-sensing network, but the under-temperature and over-temperature switching levels of the circuits are independently adjustable. Each of the two op-amp outputs of the *Figure 3.17* circuit is taken to independent transistor-relay output stages, while the two op-amp outputs of the

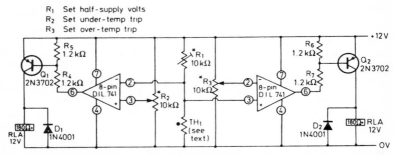

Figure 3.17 Temperature-deviation alarm with independent over/under-temperature relay outputs

Figure 3.18 circuit are taken to a single transistor-relay output stage via the $D_1 - D_2$ gate network. The procedure for setting up the two circuits is as follows.

First set R_2 and R_3 to roughly mid-travel; then, with the thermistor at its normal or mid-band temperature, adjust R_1 so that half-supply

R₁ Set half-supply volts
R₂ Set under-temp trip
R₃ Set over-temp trip

Figure 3.18 Temperature-deviation alarm with single relay output

volts are developed across TH_1. Now fully rotate the R_2 slider towards the positive supply line, rotate the R_3 slider towards the zero volts line, and check that no alarm condition is indicated (relays off). Next, reduce the TH_1 temperature to the required under-temperature trip level, and adjust R_2 so that the appropriate relay goes on to indicate

an alarm condition. Now increase the temperature slightly, and check
that the relay goes off. Finally, increase the temperature to the required
over-temperature trip level, and adjust R_3 so that the appropriate relay
goes on to indicate the alarm condition. All adjustments are then
complete, and the circuits are ready for use.

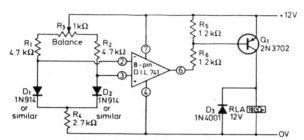

Figure 3.19 Differential-temperature alarm, relay output

Finally, to complete this chapter, *Figure 3.19* shows how a pair of
silicon diodes can be used as temperature-sensing elements in a
differential-temperature switch, which turns on only when the
temperature of D_1 is more than a preset amount greater than that
of D_2, and is not influenced by the absolute temperature of the two
diodes. Circuit operation is as follows.

D_1 and D_2 are general-purpose silicon diodes, and are used as
temperature-sensing elements. A standing current can be passed through
D_1 from the positive supply line via R_3-R_1 and R_4, and a similar
current can be passed through D_2 via R_3-R_2 and R_4. The relative
values of these currents can be adjusted over a limited range via R_3,
thus enabling the forward volt drops of the diodes to be equalised, so
that they give zero differential output when they are both at the same
temperature.

Suppose then that the diode voltages have been equalised in this
way, so that zero voltage differential exists between them. If now the
temperatures of both diodes are raised by $10°C$, the forward voltages
of both diodes will fall by 20 mV, and zero voltage differential will
still exist between them. The circuit is thus not influenced by identical
changes in the temperatures of D_1 and D_2.

Suppose, on the other hand, that the temperature of D_2 falls $1°C$
below that of D_1. In this case the D_2 voltage will rise 2 mV above that
of D_1, so the pin 3 terminal of the op-amp will go positive to the pin 2
terminal, and the op-amp will go into positive saturation and hold Q_1
and the relay off. Finally, suppose that the temperature of D_2 rises

$1°C$ above that of D_1. In this case the D_2 voltage will fall 2 mV below that of D_1, so the op-amp will go into negative saturation and drive Q_1 and the relay on. Thus the relay turns on only when the temperature of D_2 is above that of D_1 (or when the temperature of D_1 is below that of D_2). The circuit has a typical sensitivity of about $0.5°C$.

In the explanation above it has been assumed that R_3 is adjusted so that the D_1 and D_2 voltages are exactly equalised when the two diodes are at the same temperature, so that the relay goes on when the D_2 temperature rises a fraction of a degree above that of D_1. In practice, R_3 can readily be adjusted so that the standing bias voltage of D_2 is some millivolts greater than that of D_1 at normal temperatures, in which case the relay will not turn on until the temperature of D_2 rises some way above that of D_1. The magnitude of this differential temperature trip level is fully variable from zero to about $10°C$ via R_3, so the circuit is quite versatile. The circuit can be set up simply by raising the temperature of D_2 the required amount above that of D_1, and then carefully adjusting R_3 so that the relay just turns on under this condition.

LIGHT-SENSITIVE
ALARM CIRCUITS

Light-sensitive alarm systems have a number of important applications in the home and in industry. They can be made to activate when light enters a normally dark area, such as the inside of a storeroom or a wall safe, or they can be used to sound an alarm when an intruder or object enters a prohibited area and breaks a projected light-beam. They can be used as smoke-sensitive alarms, and alarms that activate when the light level goes above or below a preset level.

Light-sensitive alarms may be designed to give an audible loudspeaker output, an alarm-bell output, or a relay output that can be used to operate any kind of audible or visual warning device. A wide range of useful alarm types is described in this chapter. Most of the circuits use an LDR (light-dependent resistor) as a light-sensing element. The LDR is a cadmium sulphide photocell, and acts as a variable resistor that presents a high resistance (typically hundreds of kilohms) under dark conditions, and a low resistance (typically a few hundred ohms or less) when brightly illuminated. All the circuits shown in this chapter are highly versatile types, and will work well with almost any general-purpose cadmium sulphide photocells with face diameters in the range 3 mm to 12 mm; no precise LDR types are thus specified in these circuits. Notes on LDR selection are, however, given where applicable.

Simple light-sensitive alarm circuits

Figures 4.1 and *4.2* show a couple of very simple light-sensitive alarms, which turn on and self-latch when the illumination changes from near-dark to a moderately high level. These alarms are intended to sound when light enters a normally dark area, such as the inside of a storeroom or a wall safe.

In the *Figure 4.1* circuit, an alarm bell is wired in series with an SCR, which is wired in the self-latching mode via R_3 and S_1. The gate drive of the SCR is derived from the $R_1 - LDR - R_2$ potential divider. Under dark conditions the LDR resistance is very high, so negligible voltage appears across R_2, and the SCR and the alarm are both off.

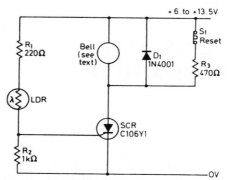

Figure 4.1 Simple light-activated alarm, bell output

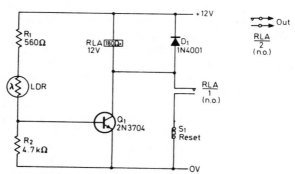

Figure 4.2 Simple light-activated alarm, relay output

When light enters the normally dark area and falls on the LDR face, the LDR resistance falls to a fairly low value; if this value is less than 10 kΩ or so, enough current flows through R_2 to turn the SCR and the alarm on, and the circuit then self-latches into the 'on' mode via R_3. Most LDRs give a resistance of less than 10 kΩ when exposed to low-intensity room lighting or to the light of a torch, so this circuit operates as soon as it is exposed to a moderate degree of illumination.

The *Figure 4.1* circuit can be used with any low-voltage self-interrupting alarm bell that draws a current less than 2 A. The circuit supply volts must be 1.5 V greater than the bell operating voltage. The design can be made non-latching by eliminating R_3 and S_1.

The *Figure 4.2* circuit operates in the same basic way as described above, except that an npn transistor is used in place of the SCR, and a relay is used in place of the alarm bell. The circuit can be used to activate any type of alarm device via the *RLA*/2 contacts. The relay

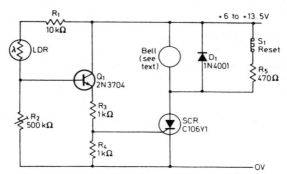

Figure 4.3 Improved light-activated alarm, bell output

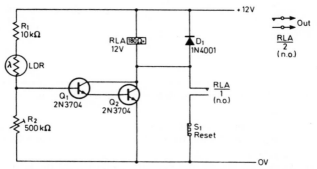

Figure 4.4 Improved light-activated alarm, relay output

can be any 12 V type with a coil resistance of 180 Ω or greater, and with two or more sets of n.o. contacts. The circuit can be made non-latching by eliminating S_1 and the *RLA*/1 contact connections.

The sensitivities of the *Figure 4.1* and *4.2* circuits can easily be increased so that the alarms turn on when only a very small amount of light falls on the LDR face. *Figures 4.3* and *4.4* show how.

The sensitivity of the *Figure 4.1* circuit is increased by replacing R_2 with a high-value variable resistor, and by interposing an emitter-follower buffer stage between the LDR potential divider and the gate of the SCR, as shown in *Figure 4.3*. The sensitivity of the *Figure 4.2* circuit is increased by replacing R_2 with a high-value variable resistor, and by replacing Q_1 with a super-alpha-connected pair of transistors, as shown in *Figure 4.4*.

The *Figure 4.3* and *4.4* circuits can both be turned on by LDR resistances as high as 200 kΩ, i.e. by exposing the LDR to very small amounts of light. R_2 enables the circuit sensitivities to be varied over a wide range. The circuits draw standby currents of only a few micro-amps when the LDR is under dark conditions.

The *Figure 4.1* to *4.4* circuits are designed to give either alarm-bell or relay outputs. In some applications, a direct loudspeaker output may be more suitable, and *Figures 4.5* and *4.6* show two circuits of this type; both give a low-level 'siren' output. The *Figure 4.5* circuit gives non-latching operation, and develops a pulsed-tone output signal.

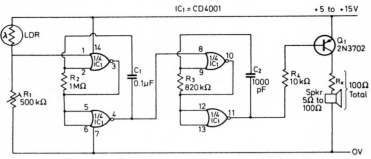

Figure 4.5 Non-latching light-activated alarm gives pulsed-tone output

The *Figure 4.6* circuit gives self-latch operation, and develops a mono-tone output signal. Both circuits are designed around a type CD4001 COS/MOS digital IC.

In the *Figure 4.5* circuit, the two left-hand gates of the IC are wired as a low-frequency (6 Hz) gated astable multivibrator that is activated by the light level, and the two right-hand gates are wired as an 800 Hz astable multivibrator that is activated via the 6 Hz astable. Under dark conditions both multivibrators are inoperative, and the circuit consumes a low standby current. Under bright conditions, on the other hand, both astables are activated, and the low frequency circuit pulses the 800 Hz astable on and off at a rate of 6 Hz, so a pulsed 800 Hz tone is generated in the speaker.

In the self-latching circuit of *Figure 4.6,* the two left-hand gates of the IC are wired as a simple bistable multivibrator, and the two right-hand gates are wired as a gated 800 Hz astable multivibrator that is activated via the bistable. Under dark conditions the output of the

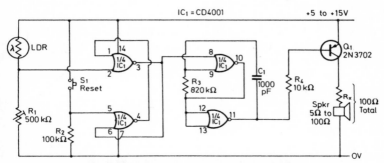

Figure 4.6 Self-latching light-activated alarm gives monotone output

bistable is normally high, and the astable is disabled, so the circuit consumes only a small standby current. When the LDR is exposed to bright light the bistable changes state and its output locks into the low state and activates the astable multivibrator. An 800 Hz tone signal is generated in the speaker under this condition. Once it has been activated, the circuit can only be turned off again by removing the illumination from the LDR and briefly closing 'reset' switch S_1, at which point the output of the bistable resets to the high state.

Note that the *Figure 4.5* and *4.6* circuits give output powers of only a few milliwatts, but that these levels can be boosted to as high as 18 W by replacing their Q_1 output stages with the power-boosting circuits of *Figures 1.9* or *1.10.*

Light-beam alarm circuits

Alarm circuits of this type are intended to activate when a person or object enters or 'breaks' a projected light-beam. *Figures 4.7* and *4.8* show two very simple light-beam alarm circuits.

In the *Figure 4.7* circuit, the SCR is wired in the self-latching mode, uses a self-interrupting bell as its anode load, and has its gate current taken from the potential divider formed by R_1 and the LDR. Normally, the LDR is brightly illuminated via a light-beam formed by a remotely placed lamp and lens system, so the LDR acts as a low resistance under this condition, and insufficient voltage is developed at the $R_1 - LDR$ junction to turn the SCR on. When a person or object enters the light beam, the beam is broken and the resistance of the LDR rises to a fairly high value. Under this condition enough voltage is developed at the $R_1 - LDR$ junction to turn the SCR on, so the alarm goes on and self-latches.

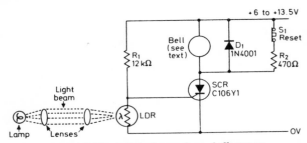

Figure 4.7 Simple light-beam alarm, bell output

The *Figure 4.8* circuit operates in the same basic way as described above, except that an npn transistor is used in place of the SCR, and a relay is used in place of the alarm bell. The circuit can be used to activate any type of alarm device via the $RLA/2$ contacts. The relay can be any 12 V type with a coil resistance of 180 Ω or greater, and with two or more sets of n.o. contacts. The circuit can be made non-latching by eliminating S_1 and the $RLA/1$ contact connections.

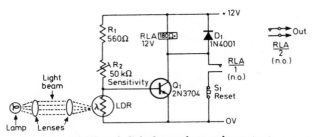

Figure 4.8 Simple light-beam alarm, relay output

The LDRs used in the *Figure 4.7* and *4.8* circuits can be any types that offer resistances of less than 1 kΩ under the illuminated condition, and more than 3 kΩ under the interrupted condition. The sensitivities of these circuits can readily be increased, so that the circuits can be used with any type of LDR, by using the connections shown in *Figures 4.9* and *4.10* respectively.

The *Figure 4.7* circuit is modified by interposing an emitter-follower stage between the $R_1 - LDR$ junction and the gate of the SCR, and by using a high-value variable resistor in the R_1 position, as shown in *Figure 4.9*. The *Figure 4.8* circuit is modified by using a super-alpha pair of transistors in place of Q_1, and by increasing the values of the potential divider components, as shown in *Figure 4.10*.

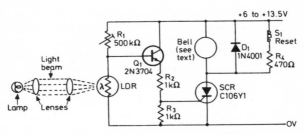

Figure 4.9 Improved light-beam alarm, bell output

The circuits of *Figures 4.7* to *4.10* can perform as useful intrusion detectors. They are inexpensive and easy to build. The lamps that activate them can be powered from either a.c. or d.c. supplies. A disadvantage of each circuit, however, is that it can be disabled by directing a bright light on to the LDR face. If this light has an intensity greater than that of the normal light beam, an intruder can walk through the beam without activating the alarm. This vulnerability of the basic light-beam alarm can be overcome in a number of ways.

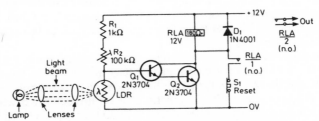

Figure 4.10 Improved light-beam alarm, relay output

One system that overcomes this particular vulnerability problem uses a code-modulated light-beam, and employs code-sensitive detector circuitry in its alarm section. The circuit cannot be disabled by shining a light on the LDR, since the alarm is sensitive only to the correct code signals. Modulated-light-beam systems of this type are widely used, and are sometimes quite complex and expensive. The value of these systems has been considerably reduced in recent years by the development of glass-fibre light tubes or 'light pipes', however. Skilled intruders can use these pipes to divert the coded beam away from its original protected path without breaking its effective source-to-detector link, and can then pass through the original protected area without activating the alarm system.

Another way of overcoming the vulnerability problem is to use an alarm circuit that activates if the intensity of the LDR illumination varies from a preset value, i.e. if the light-beam is broken or if a bright light is shone on the LDR face. A couple of practical circuits of this type are shown in *Figures 4.11* and *4.12*.

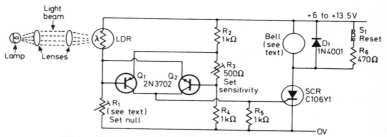

Figure 4.11 'Unbeatable' light-beam alarm, bell output

In the *Figure 4.11* circuit, the LDR is wired in a bridge circuit formed by $R_1 - R_2 - R_3 - R_4$ and the LDR, and $Q_1 - Q_2$ are used as a bridge-balance detector and SCR driver. R_1 is adjusted so that the bridge is balanced when the LDR is illuminated normally by the light-beam, and R_3 enables the sensitivity of the circuit to be varied over a reasonable range.

To understand the circuit operation, assume initially that R_3 is replaced by a short, so that half-supply voltage appears at the $R_2 - R_4$ junction, and that R_1 is adjusted for balance, so that half-supply voltage appears at the $LDR - R_1$ junction. Under this condition, zero voltage is developed between the base and emitter of Q_1 or Q_2, so both transistors are cut off and zero current flows into the gate of the SCR. The alarm is thus off under this condition.

Suppose now that the light-beam is interrupted, so that the LDR resistance rises. Under this condition the voltage at the $LDR - R_1$ junction falls to a value lower than that on the $R_2 - R_4$ junction, so a forward voltage appears between the base and emitter of Q_1. If this voltage exceeds 650 mV or so, Q_1 is driven on and its collector current feeds into the SCR gate, and the alarm circuit then turns on and self-latches.

Alternatively, suppose that the beam is not interrupted, but that a light with an intensity greater than that of the beam is shone on the LDR face. In this case the LDR resistance falls, so the voltage at the $LDR-R_1$ junction rises above that of the R_2-R_4 junction. A forward voltage, thus appears between the base and emitter of Q_2; if this voltage exceeds 650 mV or so, the transistor is driven on and its collector current feeds into the SCR gate, driving the alarm on. The alarm thus activates if the light intensity on the LDR face changes sufficiently to forward bias either transistor.

In the practical circuit of *Figure 4.11*, R_3 is wired in series with the R_2-R_4 potential divider, and enables a preset forward-bias voltage to be applied to the base—emitter junctions of Q_1 and Q_2, so that the circuit's sensitivity can be controlled. If, for example, a preset bias of 500 mV is applied to each transistor, the LDR only has to produce an additional change of 150 mV to turn one or other of the transistors on and thus activate the alarm. The circuit can thus be adjusted to a high degree of sensitivity, so that its immunity to 'disabling' by intruders can be as good as, or better than, that of even the most expensive modulated-light-beam systems.

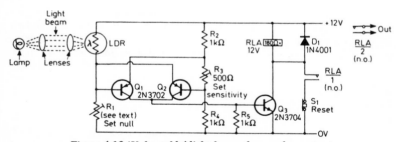

Figure 4.12 'Unbeatable' light-beam alarm, relay output

The *Figure 4.12* circuit is similar to that described above, except that the SCR and alarm bell are replaced by an npn transistor and a self-latching relay. This circuit can be used to activate any type of electrical alarm device via the relay contacts.

The LDR used in these circuits can be any type with a resistance in the range 200 Ω to 2 kΩ when illuminated by the light beam. R_1 should have a maximum value roughly double that of the LDR under the above condition, so that the two resistances are roughly equal when R_1 is set at mid-value. The sensitivity of each circuit varies slightly with changes in supply voltage, and is greatest at higher voltage levels. If the circuits are to be used at very high sensitivities, therefore, the supply voltages should be stabilised. To set up the circuits for use, proceed as follows.

First, adjust R_1 so that half-supply voltage is developed at the $LDR-R_1$ junction when the LDR is illuminated via the light beam, and then adjust R_3 so that roughly 400 mV are developed across R_5. Now readjust R_1 to give a minimum reading across R_5; readjust R_3, if necessary, so that this reading does not fall below 200 mV. When the R_1 adjustment is complete, the bridge is correctly balanced. R_3 can then be adjusted to set the sensitivity to the required level. If R_3 is set so that zero voltage is developed across R_5, fairly large changes in light level will be needed to operate the alarm; if it is set so that a few hundred millivolts are developed across R_5, only small changes will be needed to operate the alarm.

Smoke-alarm circuits

Another useful type of light-sensitive alarm is the so-called 'smoke' alarm. This may be of either the 'reflection' type or the 'light-beam' type.

Figures 4.14 and *4.15* show two practical reflection-type smoke-alarm circuits. The heart of these systems is the smoke detector, shown in *Figure 4.13*. Here, a lamp and an LDR are placed next to one another in a light-excluding box, but are shielded from one another by a simple

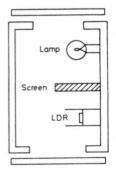

Figure 4.13 Sectional view of reflection-type smoke detector. Lamp provides light source, and heat to cause convection currents to draw air in from bottom of box and expel it through lid; inside of box is painted matt black; construction lets air pass through box but excludes external light

screen so that the light of the lamp does not fall directly on to the face of the LDR. The inside of the box is painted matt black, so that the LDR is not illuminated by light reflected from the inside of the box.

The construction of the box is such that its top and bottom are open to the air, but exclude external light. The lamp is placed near the top of the box, and inevitably generates a certain amount of heat. This heat rises out of the top of the box and sucks cooler air in through the bottom. Thus a continuous current of air is passed through the box

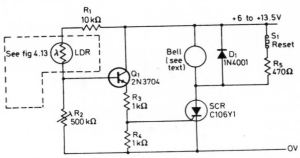

Figure 4.14 Reflection-type smoke alarm, bell output

and past the face of the LDR. If this air is smoke-free it is invisible and does not reflect the light of the lamp, so the LDR remains in darkness and presents a high resistance. Alternatively, if the circulating air is laden with smoke it reflects the light of the lamp on to the face of the LDR, and the LDR resistance falls to a fairly low value. This reduction of the LDR resistance can be used to operate a simple alarm circuit.

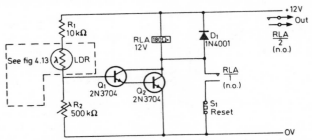

Figure 4.15 Reflection-type smoke alarm, relay output

Two suitable alarm circuits are shown in *Figures 4.14* and *4.15*; they are virtually identical to those shown in *Figures 4.3* and *4.4* respectively, and activate when the LDR resistance falls below a preset amount. When used in conjunction with the smoke detector of *Figure 4.13*, these circuits thus act as 'smoke' alarms. The circuits are simple and give reliable operation.

In the alternative 'light-beam' type of smoke alarm, a light-beam is projected across the protected area and on to the face of an LDR, which forms part of a sensitive detector circuit. When smoke enters the light-beam, the intensity of the illumination on the LDR face falls slightly, and the LDR resistance rises. This increase of resistance is used to activate the alarm, which thus responds to the presence of smoke.

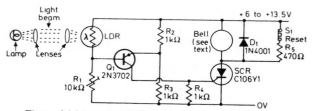

Figure 4.16 Simple light-beam smoke alarm, bell output

Two simple light-beam smoke-alarm circuits are shown in *Figures 4.16* and *4.17*. In the *Figure 4.16* circuit, the LDR and $R_1-R_2-R_3$ are wired in the form of a simple bridge. R_1 is adjusted so that the bridge is out of balance in such a way that Q_1 is not quite biased on when the LDR is normally illuminated by the light beam. Under this condition Q_1 passes negligible collector current into the gate of the SCR, so the alarm is off.

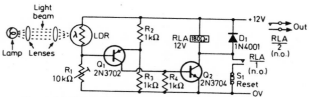

Figure 4.17 Simple light-beam smoke alarm, relay output

When smoke enters the light beam, the LDR resistance increases and throws the bridge out of balance in such a way that the base–emitter junction of Q_1 is appreciably forward biased. Under this condition, Q_1 passes substantial collector current into the gate of the SCR, and the alarm turns on and self-latches.

The *Figure 4.17* circuit is similar to that described above, except that an npn transistor and a self-latching relay are used in place of the SCR and alarm bell.

A snag with the *Figure 4.16* and *4.17* circuits is that their trigger points are slightly affected by variations in temperature, since the V_{be} characteristics of Q_1 are temperature dependent. The circuits are thus not suitable for use in conditions of large temperature variation or at high sensitivity levels.

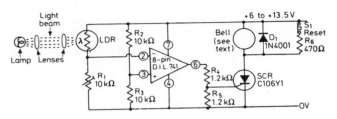

Figure 4.18 Sensitive light-beam smoke alarm, bell output

These snags are largely overcome in the two sensitive smoke-operated alarm circuits of *Figures 4.18* and *4.19*. Here, the LDR is again connected in the bridge network formed by the LDR and $R_1-R_2-R_3$, but in this case the operational amplifier is used as the bridge-balance detector. An outstanding feature of the op-amp is that its operating points are not greatly affected by variations in ambient temperature or supply voltage. Consequently these circuits give very stable operation.

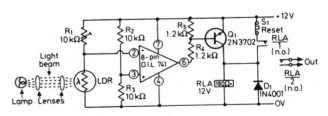

Figure 4.19 Sensitive light-beam smoke alarm, relay output

In the *Figure 4.18* circuit the op-amp is used to operate the alarm bell via the SCR, while in the *Figure 4.19* circuit it is used to operate the self-latching relay via Q_1. Note that if these circuits are to be used at their maximum sensitivity levels it may be necessary to feed the light-beam energising lamps from regulated power sources, so that the illumination levels of the light beams are stabilised to a reasonable degree.

'Dark' and 'light/dark' alarm circuits

Most of the circuits shown in this chapter can be used, or adapted for use, in applications other than those for which they were specifically designed. If you need 'dark-operated' circuits, which turn on when the light level falls below a preset value, you can use the circuits of *Figures 4.7* to *4.10* and *4.16* to *4.19* directly, or use *Figures 4.5* and *4.6* by simply transposing the connections of R_1 and the LDR.

Finally, if you need 'light/dark' alarms, which turn on when the light goes above or below a preset level, you can use the circuits of *Figures 4.11* or *4.12* directly.

CHAPTER 5

MISCELLANEOUS ALARM CIRCUITS

In each of the four preceding chapters we have looked at a specific class of alarm system. In this chapter we look at a miscellaneous range of alarm circuits that can also be used in the home or in industry.

The circuits presented here include liquid and steam-activated alarms, power-failure alarms, an ultrasonic beam alarm, and sound or vibration alarms.

Liquid and steam-activated alarms

Liquid- and steam-activated alarms have a number of uses. Liquid-activated alarms can be made to sound when the water in a bath or the liquid in a tank reaches a preset level, or when rain falls across a pair of contacts, or when flooding occurs in a cellar or basement, or when an impact wave is generated as a person or object falls into a swimming pool or tank.

Steam-activated alarms can be made to sound when high-pressure steam escapes from a valve or a fractured pipe, or when steam emerges from the spout of a kettle or container as the liquid reaches its boiling point.

Five liquid- or steam-activated alarm circuits are described. All the circuits use the same basic principle of operation. In each case, a pair of metal probes detects the presence or absence of the liquid or steam. In the absence of the medium the probes 'see' a near-infinite resistance, but in the presence of the medium the probe resistance falls to a relatively low value. This fall in resistance is detected and made to activate the alarm device. The resistance appearing across the probes under the alarm condition depends on the type of medium that is being detected. In the case of rain or tap water, the resistance may be less than a few kilohms, but in the case of steam or oil the resistance may be greater than several megohms.

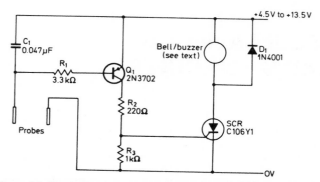

Figure 5.1 Simple liquid- or steam-activated alarm, bell/buzzer output

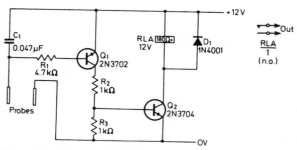

Figure 5.2 Simple liquid- or steam-activated alarm, relay output

Two simple liquid-activated alarm circuits, which can be activated by probe resistances up to about 500 kΩ, are shown in *Figures 5.1* and *5.2*. Both circuits operate in the same basic way, and give a non-latching form of operation. The former gives an alarm bell or buzzer output, and the latter gives a relay output that can be used to activate any type of alarm device via the relay contacts.

In the case of the *Figure 5.1* circuit, Q_1 is cut off when the probes are open-circuit, so the SCR and alarm are also off. When a resistance less than 500 kΩ or so is connected across the probes, Q_1 is biased on to such a level that its collector current turns on the SCR, and the alarm-bell or buzzer activates. Note that this bell or buzzer must be a self-interrupting device, so that the alarm turns off when the resistance is removed from the probes. The circuit supply voltage must be 1.5 V greater than the bell or buzzer operating voltage, and the alarm device must pass a current of less than 2 A.

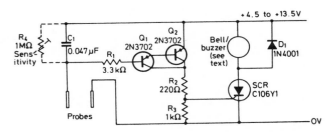

Figure 5.3 Sensitive liquid- or steam-activated alarm, bell/buzzer output

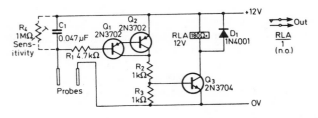

Figure 5.4 Sensitive liquid- or steam-activated alarm, relay output

The *Figure 5.2* circuit is similar to that described above, except that the SCR is replaced by an npn transistor, and a 12 V relay is used in place of the bell or buzzer. The relay must have a coil resistance more than 180 Ω. Its contacts can be used to activate any type of external alarm device.

The circuits of *Figures 5.1* and *5.2* can easily be modified so that they are activated by probe resistances up to about 20 MΩ. *Figures 5.3* and *5.4* show how. In each case, Q_1 is simply replaced by a super-alpha-connected pair of pnp transistors. These circuits also show how the sensitivity of the designs can be made variable by wiring a 1 MΩ preset resistor (shown dotted) across C_1. C_1 is used to protect the circuits against activation by spurious or radiated signals.

Finally, *Figure 5.5* shows the circuit of a liquid- or steam-activated alarm that gives a pulsed-tone low-level output signal directly into a

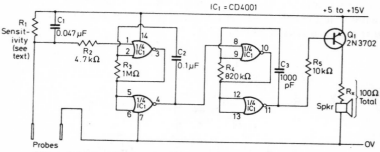

Figure 5.5 Liquid- or steam-activated alarm, pulsed-tone output

loudspeaker. The circuit uses a CD4001 COS/MOS IC as a gated pulse-tone generator, which feeds the speaker via Q_1. The generator is normally off, but turns on when the probe resistance falls below a value that is roughly equal to R_1. R_1 can thus be selected to give the circuit any desired sensitivity, up to a maximum of about 20 MΩ.

When this circuit is in the quiescent state, with the probes open-circuit, it consumes a total current of about 1 μA. When the circuit is activated it generates a tone of roughly 800 Hz that is pulsed on and off at a rate of 6 Hz, so a pulsed 800 Hz tone is generated in the speaker. The circuit is based on the *Figure 1.11* design and gives an output power of only a few milliwatts. The power can be boosted as high as 18 W by replacing the Q_1 output stage by one or other of the *Figure 1.9* and *1.10* power-boosting stages.

Power-failure alarm circuits

Electrical power-failure alarms can be made to activate when power is removed from a deep-freeze unit, or when a burglar cuts through power lines, or when a machine overloads and blows its fuses. Three useful power-failure alarm circuits are described in this section.

Figure 5.6 shows a simple relay-output power-failure alarm, which can be used to activate any type of external alarm device via the relay

contacts. Here, the power-line input is applied to a step-down transformer, which gives an output of 12 V. This output is half-wave
rectified by D_1 and smoothed by C_1, and the resulting d.c. is fed
directly to the relay coil. The n.c. contacts of the relay are used to
apply power to the external alarm device.

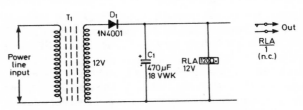

Figure 5.6 Simple power-failure alarm, relay output

Thus when power is applied to the circuit the relay is driven on, its
contacts are open and the alarm is off, but when the power input is
removed the relay turns off, so its contacts close and activate the
alarm device.

The relay can be any 12 V type with a coil resistance of 120 Ω or
greater, and with one or more sets of n.c. contacts. T_1 can be any
power-line step-down transformer that gives a 12 V output at a current
above 100 mA.

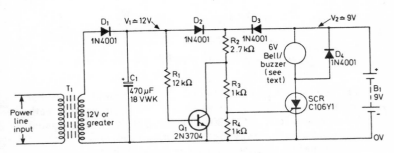

Figure 5.7 Power-failure alarm with bell/buzzer output

An alternative type of power-failure alarm is shown in *Figure 5.7*.
Here, the power input is stepped down to 12 V by T_1 and is rectified
and smoothed by D_1 and C_1, to give roughly 12 V d.c. at the D_1-D_2
and D_2-D_3 junctions. The actual alarm device, which is a self-
interrupting bell or buzzer, is used as the anode load of the SCR and
is powered from a 9 V battery.

Normally, when power is applied, 12 V d.c. are developed at the D_1-D_2 and D_2-D_3 junctions, so Q_1 is driven to saturation via R_1, and the R_2-R_3 junction is pulled down to zero volts. Under this condition zero drive is applied to the SCR gate, so the alarm is off and D_3 is reverse-biased by the 12 V on the D_2-D_3 junction and no current is drawn from the 9 V battery.

When power is removed from the input, the D_1-D_2 junction falls to zero volts and Q_1 turns off. Under this condition current feeds to the SCR gate from the 9 V battery via $D_3-R_2-R_3$, so the SCR and the alarm turn on.

The alarm bell or buzzer in this circuit can be any 6 V self-interrupting type that draws less than 2 A. The step-down transformer can be any type that gives a 12 V output at a current of a few milliamps.

If this circuit is modified for use with alternative voltages, it is essential that the voltage at the D_1-D_2 junction be at least 2 V greater than the battery volts.

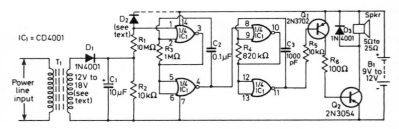

Figure 5.8 Power-failure alarm with pulsed-tone output

Finally, *Figure 5.8* shows the circuit of a power-failure alarm that gives a medium-power (about 10 W) pulsed-tone alarm signal directly into a loudspeaker. Here, a CD4001 COS/MOS IC is wired as a gated pulse-tone generator, of the type shown earlier in *Figures 1.11* and *5.5*, and feeds the speaker via a power-booster stage of the type shown in *Figure 1.9*.

In this circuit the power-line signal is again stepped down, rectified and smoothed by $T_1-D_1-C_1$. When power is applied the voltage across C_1 is greater than that of the supply battery, so the input gate of the IC is clamped to the battery positive-rail voltage via R_1 and the gate-input protection diode (shown dotted as D_2) of the IC, and the generator is gated off. Under this condition the circuit consumes only a small leakage current from the battery.

When power is removed from the input of the circuit the C_1 voltage falls to zero. Under this condition the IC is gated on, and an alarm signal is generated in the speaker. This signal has a basic frequency of 800 Hz, and is pulsed on and off at 6 Hz. The step-down transformer used can be any type that causes a voltage greater than that of the battery to be developed across C_1.

Proximity alarm circuits*

As the name indicates, proximity alarms can be made to activate when a person or object touches or comes close to a sensing antenna or a conducting object attached to the antenna. Two practical proximity alarm circuits are described, both using the same basic principle of operation. One circuit (*Figure 5.9*) gives a relay output, the other (*Figure 5.10*) gives a direct alarm-bell or buzzer output.

Both circuits work on the capacitive loading principle, in which the gain of an r.f. oscillator is adjusted to a critical point at which oscillation is barely sustained, and in which the antenna forms part of the tank circuit. In these circuits one of the supply lines is grounded.

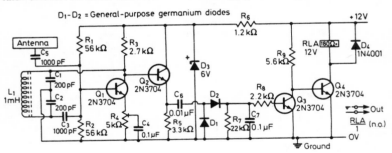

Figure 5.9 Relay-output proximity alarm

Consequently any increase in the antenna-to-ground capacitance, such as is caused by touching or nearing the antenna, causes enough damping of the tank circuit to bring the oscillator gain below the critical level, and the oscillator ceases to operate. This cessation of oscillation is then used to make the alarm generator activate.

---

*Circuits illustrated in Figures 5.9 and 5.10 act like low-power transmitters (10-15mW). The second and third harmonics of the operating frequency of these circuits would fall within the AM broadcast band, possibly causing interference to radios in the area. Check with the FCC about the legality of using these circuits.

Figure 5.9 shows the practical circuit of a relay-output system that uses the above principle. Here, transistor Q_1 is wired as a Colpitts oscillator, with gain adjustable via R_4, and the antenna is coupled to the base of Q_1 via C_5. The output of this oscillator, which operates at about 300 kHz, is made available at a low impedance level across R_5 via emitter-follower Q_2. This signal is rectified and smoothed via $D_1-D_2-R_7$ and C_7, to produce a positive bias that is fed to the base of Q_3 via R_8. Q_3 is wired as a common-emitter amplifier, with R_9 as a collector load, and Q_4 is wired as a common-emitter amplifier with the relay as its collector load and its base directly coupled to the collector of Q_3.

Thus when Q_1 is oscillating normally a positive bias is developed and drives Q_3 to saturation. Since Q_3 is saturated, its collector is at near-zero voltage, so zero bias is fed to the base of Q_4, and Q_4 and the relay are thus off under this condition.

When the antenna is touched or additionally loaded, the oscillator ceases to operate, so zero bias is developed by the rectifier-smoothing network and Q_3 is cut off. Since Q_3 is cut off, the base of Q_4 is taken directly to the positive supply line via R_9, so Q_4 and the relay are driven hard on under this condition.

The Q_1-Q_2 section of the circuit is fed from the regulated 6 V supply formed by R_6 and zener diode D_3, so oscillator stability is virtually independent of actual supply-line potential. Diode D_4 protects the circuit against damage due to the back e.m.f. from the relay as the circuit operates.

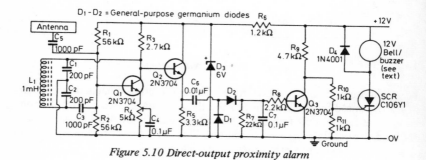

Figure 5.10 Direct-output proximity alarm

The direct-output version of the circuit, shown in *Figure 5.10*, is similar to that described above, except that an SCR is used in place of Q_4, and an alarm device is used directly as the anode load of the SCR.

This alarm device can be any self-interrupting bell or buzzer with a rating in the range 9—12 V at up to 2 A.

Note that the *Figure 5.9* and *5.10* circuits are both designed to give non-latch operation. The *Figure 5.9* circuit can be made self-latching by wiring a spare set of n.o. relay contacts between the collector and emitter of Q_4, and the *Figure 5.10* circuit can be made self-latching by wiring a 470 Ω resistor in parallel with D_4.

The two circuits are very simple to set up. First connect a suitable antenna, then turn R_4 towards the ground rail until the alarm just activates. Next, turn R_4 back a fraction so that the relay just turns off, then check that the alarm goes on when the antenna is touched or closely approached, and goes off again when the touch is removed. If necessary, adjust R_4 again for maximum sensitivity.

The final sensitivity of each circuit depends on the setting of R_4 and on the size of antenna used. If the antenna is very small, such as a short length of wire, the circuits will act as little more than touch alarms, but if the antenna is large, such as a sheet of metal, the circuits may be made sensitive enough to activate when a person approaches within a foot or two of the antenna. It pays to experiment with different types of antenna, to get the 'feel' of the circuits. Remember, however, that it is imperative that the antenna be well isolated from ground, and that one side of the circuit's power supply be taken to an effective ground connection. In some applications a floating artificial ground (such as a metal plate) can be used with advantage. If, for example, two metal plates are placed parallel a foot or so apart, and one is used as the antenna and the other as an artificial ground, the alarm will activate whenever a hand is placed between the two plates. Such a system can be used to sound an alarm if a hand is placed inside a small cabinet, etc.

Touch alarm circuits

Touch alarms are intended to activate when a person or object touches a fixed contact point. They work in a number of ways. They may be activated by touching and closing a simple microswitch, as in the contact alarm circuits described in Chapter 1, or they may work on the capacitive loading principle described in the preceding section of this chapter. Alternatively, they may be activated by the a.c. hum that is picked up by an electrical contact when it is touched by a human finger (in equipment that is connected to a.c. power lines), or by the relatively low resistance (less than a few megohms) that appears across a pair of contacts when they are bridged by a human finger. Three circuits of the latter two types are described in this section.

Figure 5.11 shows a simple but useful 'hum-detecting' touch alarm circuit. Here, one of the gates of a CD4001 COS/MOS IC is wired as a simple pulse-inverting amplifier, and has its high-impedance input terminal taken to a pick-up contact via R_2. The gate is effectively powered from a 5 V supply, derived from the 12 V line via R_3 and R_4, and is biased via R_1 so that its output is normally low.

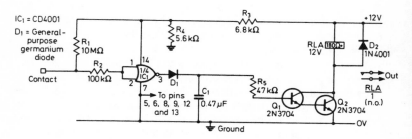

Figure 5.11 'Hum-detecting' touch alarm

When a pick-up signal with a peak amplitude greater than a couple of volts is applied to the pick-up contact, the output of the gate pulses on and off at line frequency, and a square wave with a peak amplitude of about 5 V is developed at the gate output terminal. This square wave is rectified and smoothed via D_1 and C_1, and the resulting d.c. is used to drive RLA on via Q_1-Q_2 and R_5.

Note when using this circuit that the low side of the 12 V supply must be grounded, and that any type of external alarm device can be activated via the circuit's relay contacts. The circuit draws a standby current of 1 mA. Since the circuit must be operated from a.c. power lines, this current drain should present no problems.

The pick-up contact of the above circuit should be limited in size to a few square centimetres. If the contact is to be placed more than about 10 cm away from the input terminal of the COS/MOS gate, the connecting leads must be screened to prevent the pick-up of unwanted signals.

A simple resistance-sensing touch alarm circuit is shown in *Figure 5.12*. Here, one of the gates of a CD4001 IC is again wired as a pulse inverter, but is powered directly from the 12 V supply line. The input of the inverter is strapped to the positive supply line via 10 MΩ resistor R_1, so its output is normally low. The output is used to drive Q_1 and the relay via R_3.

The circuit action is such that the output of the inverter is low and Q_1 and the relay are off when a resistance much greater than 10 MΩ appears across the touch contacts, but the output of the inverter goes high and Q_1 and the relay turn on when a resistance less than 10 MΩ appears across the touch contacts. If the touch contacts have a surface

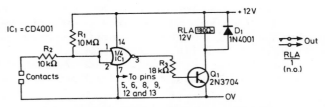

Figure 5.12 Resistive touch alarm, normal contacts

area of at least half a square centimetre each, a resistance of less than 10 MΩ will appear between them when they are simultaneously touched by an area of human skin, so the circuit acts effectively as a touch alarm. Any type of alarm device can be activated via the relay contacts, and the circuit consumes a typical standby current of only 1 μA.

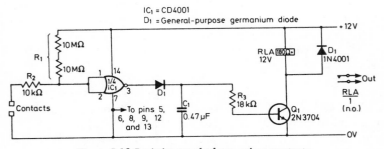

Figure 5.13 Resistive touch alarm, micro-contacts

Finally, *Figure 5.13* shows how the above circuit can be modified for use with micro-sized touch contacts. The circuit is similar to that described above, except that R_1 is increased to 20 MΩ by wiring two 10MΩ resistors in series, and that the design is also made sensitive to hum pick-up signals via D_1 and C_1. The sensitivity of this circuit is such that it can be used with pinhead-sized touch contacts.

An ultrasonic beam alarm

This unit can be used in the same type of application as the light-beam alarm circuits described in Chapter 4, but uses an invisible ultrasonic beam in place of a visible light beam. The circuit of the beam transmitter is shown in *Figure 5.14*, and the receiver/alarm is shown in *Figure 5.15.*

The circuits make use of an inexpensive matched pair of ultrasonic ceramic transducers of the type used in television remote-control units. These transducers are widely advertised in electronics magazines, and normally operate in the 30—50 kHz frequency range.

The operation of the transmitter circuit of *Figure 5.14* is very simple. Q_1 and Q_2 are wired as an emitter-coupled oscillator, and one of the

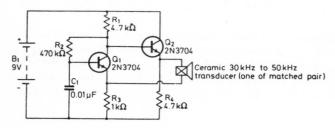

Figure 5.14 Ultrasonic beam alarm, transmitter

transducers is used as the emitter coupling element, so the circuit oscillates at the basic frequency of the transducer and causes an ultrasonic signal to be generated.

The operation of the receiver/alarm circuit of *Figure 5.15* is slightly more involved. Here, the remaining transducer is pointed towards the transmitter and responds to the transmitted signal in much the same way as a microphone. The output of the transducer is fed to tuned amplifier $Q_1 - C_1 - L_1 - C_2$, and the output of the tuned amplifier is fed to an amplifying detector stage that is built around $Q_2 - D_1$ and C_3. Normally, when the ultrasonic beam is unbroken, the output of this detector stage is high, so Q_3 is driven to saturation and Q_4 and the relay are cut off. When the beam is interrupted, the output of the detector stage falls to near zero volts, so Q_3 turns off and Q_4 and the relay are turned on via R_8. Any type of alarm device can be activated by the closing of the relay contacts. Thus the alarm is normally off, but turns on when the ultrasonic beam is interrupted.

The *Figure 5.15* circuit consumes a typical quiescent current of 5 mA, and the system has an operating range up to several yards. To set up the circuit, simply point the two transducers at one another over the required range, then carefully adjust R_4 so that 2 V d.c. are registered

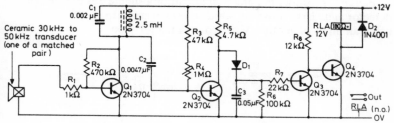

Figure 5.15 Ultrasonic beam alarm, receiver

across C_3 (on the 10 V range of a meter having a sensitivity of at least 20 kΩ/V) when the beam is uninterrupted. Then break the beam, and check that the voltage falls to near zero and the alarm turns on. If required, the value of C_1 can be adjusted to obtain optimum response at the ultrasonic operating frequency.

Sound and vibration alarm circuits

Sound-activated alarms can usefully be made to activate when an intruder enters a protected area and creates noise. Vibration-activated alarms can be made to activate when an unauthorised person opens the drawer of a cabinet or the door of a cupboard, etc., and thus creates a small amount of vibration in a protected object. Both types of circuit can use the same basic principle of operation, as illustrated in the block diagram of *Figure 5.16.*

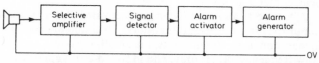

Figure 5.16 Block diagram of typical sound or vibration alarm circuit

Here, a microphone or similar transducer is used to pick up the basic noise or vibration of the environment, and the resulting signal is passed to a selective amplifier stage, which rejects unwanted signals and amplifies the band of signals that are of interest. The output of this amplifier is fed to a signal detector stage, which converts the a.c. input to a d.c. output; the d.c. output is fed to an alarm activator, which responds to input levels in excess of a predetermined amount. Finally, the output of the alarm activator is fed to the actual alarm signal generator.

Figure 5.17 shows the practical circuit of a simple but useful signal detector and alarm activator, which gives a relay output. The circuit needs an input of about 1 V a.c. to turn the relay on.

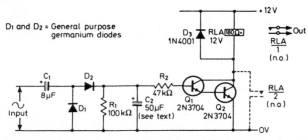

Figure 5.17 Simple relay-output signal-detecting alarm activator; needs 1 V a.c. input to activate relay

Here, the a.c. input signal is simply rectified and smoothed via $D_1 - D_2 - R_1$ and C_2, and the resulting d.c. is used to drive the relay on via Q_1 and Q_2. Normally, when zero input is applied, zero d.c. is developed across C_2, so $Q_1 - Q_2$ and the relay are off. When an a.c. input of 1 V is fed to the circuit, roughly 2 V d.c. is developed across C_2, so $Q_1 - Q_2$ and the relay are driven on. The circuit action is such that the relay turns on rapidly when a suitable input signal is connected, but turns off slowly when the signal is removed. The turn-off time is determined by the time constant of R_1 and C_2, and can be changed to suit specific requirements by altering the C_2 value.

The *Figure 5.17* circuit can be made self-latching by wiring a spare set of relay contacts across Q_2, as shown dotted in the diagram. The circuit can be used as a sound or vibration-activated alarm by feeding an a.c. input to it from a pick-up transducer via a suitable amplifier stage. In vibration-alarm applications, the amplifier should be designed to pass low-frequency signals only, and in sound-alarm applications it should be designed to pass the selected audio band only.

Finally, to conclude this chapter, *Figure 5.18* shows the circuit of an IC speech-frequency amplifier which can be used in conjunction with the *Figure 5.17* circuit to make a sensitive sound-activated alarm.

Here, sound is picked up by a 5 kΩ moving-coil microphone and is fed to pin 1 of the IC. The IC is a CA3035 ultra-high-gain wide-band amplifier array manufactured by RCA, and gives a voltage gain of about 120 dB between the input at pin 1 and the output at pin 7, so a vastly amplified version of the microphone signal appears at pin 7 and can be

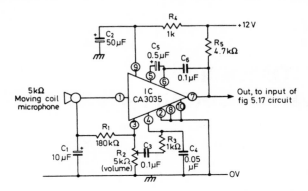

Figure 5.18 Speech-frequency amplifier; can be used in conjunction with Figure 5.17 to make a sound-activated alarm

fed to the input of the *Figure 5.17* circuit. R_1 and C_1 are bias components for the IC, and R_5 is a load resistor for one of the IC stages. R_4 $C_3-C_4-C_5$ and C_6 are coupling and frequency-compensation components for the IC, and R_5 is a load resistor for one of the IC stages, R_4 and C_2 provide a decoupled supply for two of the IC stages. The outline and pin numbers of the CA3035 IC are shown in the Appendix.

AUTOMOBILE
ALARM CIRCUITS

Electronic alarms have a number of practical applications in auto-
mobiles. They can be used to give anti-theft protection, or to indicate
a probability of ice on the road or of overheating in the engine or
gearbox, or to warn the driver that he is running low on fuel. Sixteen
useful automobile alarm circuits are presented in this chapter. Included
among these are five immobilisers which, although not true 'alarms',
give useful anti-theft protection.

Types of anti-theft device

Vehicle anti-theft devices come in two basic types. The first of these is
the 'immobiliser', which is intended simply to reduce a thief's chances
of starting or driving away a target vehicle; it gives no protection against
the car burglar, who merely wishes to steal objects that are left inside
the vehicle. Immobilisers usually consist simply of a switch wired into
some part of the electrical section of the vehicle's power unit, thus
enabling the engine to be easily disabled.

The second type of anti-theft device is the true burglar alarm, which
sounds an alarm (and perhaps also immobilises the vehicle's engine) if
any unauthorised person tries to enter the vehicle. These alarms may be
activated in one of three basic ways. One of the most popular ways is
via microswitches that operate when any of the car doors, hood (bonnet)

or trunk (boot) is opened. Microswitch-activated alarms are fairly inexpensive, highly reliable, and can give excellent anti-theft protection.

Another way is by detecting the small drop that takes place in the vehicle's battery voltage when a door, hood or trunk courtesy-light turns on, or when the ignition is turned on. These so-called 'voltage sensing' alarms give the same degree of anti-theft protection as the microswitch types of alarm system, but are generally more expensive and less reliable.

A third way of activating an alarm is by detecting the vibration or swaying that takes place when a vehicle is entered or moved. This type of alarm has a number of disadvantages. If its sensitivity is adjusted so that it activates when anyone enters or rocks the vehicle, the system will tend to go off in gusty winds or when a person leans on the auto-mobile. In this state the system has a very low reliability rating. Alternatively, if the system is adjusted so that it activates only when the vehicle is actually moved or subjected to substantial 'G' forces, it won't be sensitive enough to give effective anti-burglar protection. These systems can readily be made to give false alarms, so thieves can easily persuade their owners to disconnect them by repeatedly false-triggering the alarms.

Practical automobile anti-theft alarm systems can be switched on and off either from within the car or from outside. Systems that are switched from within the vehicle have a number of disadvantages. To enable the owner to leave the vehicle without activating the alarm, the system must incorporate a built-in 'exit' delay of about 30 seconds, and to enable the owner to enter the vehicle again it must have an additional built-in 'entry' delay of about 15 seconds.

Consequently the circuits tend to be fairly complex and expensive, and to have a relatively poor reliability rating. More important, the systems give very poor anti-burglar protection, since the thief is given a full 15 seconds of entry time in which to steal any worthwhile goodies before the alarm sounds off.

By contrast, externally-switched alarm systems can be very simple, reliable and inexpensive, and, since they can be made to sound off the instant that a car door starts to open, can be made to give excellent anti-burglar protection.

The comparative table of *Figure 6.1* shows the degree of protection offered by different types of anti-theft device against different types of thief. As can be seen, immobilisers give good protection against joy-riders and drive-away thieves, but give no protection against burglars or tow-away thieves, while externally-switched microswitch-activated and voltage-sensing alarms give good protection against all except tow-away thieves.

	Snatch burglar	Cassette thief	Joy-rider	Drive-away thief	Tow-away thief
Immobiliser	Nil	Nil	Good	Good	Nil
Internally-switched microswitch-activated alarm	Nil	Good	Good	Good	Nil
Internally-switched voltage-sensing alarm	Nil	Good	Good	Good	Nil
Internally-switched vibration alarm	Nil	Poor	Good	Poor	Fair
Externally-switched microswitch-activated alarm	Good	Good	Good	Good	Nil
Externally-switched voltage-sensing alarm	Good	Good	Good	Good	Nil
Externally-switched vibration alarm	Poor	Poor	Good	Poor	Fair

Figure 6.1 Comparative table showing degree of protection given by different types of anti-theft device against different types of thief

Having cleared up these points, let's now go on and look at some practical anti-theft circuits.

Immobiliser circuits

Immobilisers simply reduce a thief's chances of starting or driving away a target vehicle. Simple immobilisers consist of a concealed switch wired into some part of the electrical section of the vehicle's power unit. *Figures 6.2* to *6.5* show a number of circuits of this type.

Figure 6.2 Contact-breaker immobiliser, operates when switch is closed

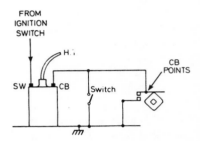

Figures 6.2 and *6.3* show how immobilisers can be wired into the vehicle's ignition system. In *Figure 6.2*, the switch is wired across the vehicle's contact-breaker (CB) points. When the switch is open the ignition operates normally, but when the switch is closed the CB points

Figure 6.3 Ignition immobiliser, operates when switch is open

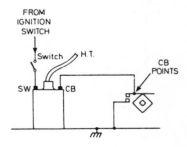

are shorted out and the engine is unable to operate. This circuit gives excellent protection, particularly if the wiring is carefully concealed at the CB end.

In the *Figure 6.3* circuit the immobiliser switch is wired in series with the vehicle's ignition switch, so that the engine operates only when the switch is closed. The protection of this circuit is not as good as that of *Figure 6.2*, since a skilled thief can by-pass the immobiliser and ignition switches by simply hooking a wire from the battery to the SW terminal of the coil.

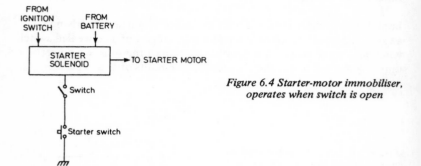

Figure 6.4 Starter-motor immobiliser, operates when switch is open

Figure 6.4 shows how an immobiliser switch can be wired into the vehicle's electric starter system, so that the starter only operates if this switch is closed. This system gives better protection than *Figure 6.3*, but is not as good as *Figure 6.2* because the starter solenoid can be operated manually on many vehicles, and also because the starter and immobiliser switches can be by-passed by a single length of wire.

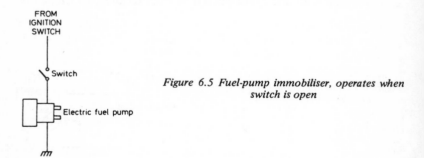

Figure 6.5 Fuel-pump immobiliser, operates when switch is open

Finally, *Figure 6.5* shows how an immobiliser switch can be wired in series with the electric fuel pump on suitable vehicles, so that the pump operates only when this switch is closed. A feature of this system is that it permits a thief to start the engine and drive for a short distance on the fuel remaining in the carburettor before the lack of fuel-pump operation immobilises the vehicle.

A weakness of the *Figure 6.2* to *6.5* circuits is that they must all be turned on and off manually, so they only give protection if the owner remembers to turn them on. By contrast, *Figure 6.6* shows an immobiliser that turns on automatically when an attempt is made to start the engine, but that can be turned off by briefly operating a hidden push-button

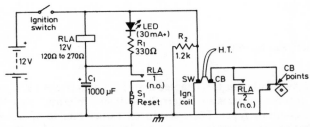

Figure 6.6 Self-activating immobiliser circuit for negative-ground vehicles; for positive-ground vehicles reverse the polarities of C_1 and LED

switch. A small 'reminder' light turns on when the engine is disabled by the immobiliser. This circuit thus gives a high degree of protection, since it does not depend on the memory of its owner. The circuit operates as follows.

The coil of relay *RLA* is wired in series with 1000 μF capacitor C_1, and the combination is wired across the vehicle's ignition switch. C_1 is shunted by the series combination of n.o. relay contacts *RLA*/1 and n.c. push-button switch S_1; n.o. relay contacts *RLA*/2 are wired across the vehicle's CB points; an LED (light-emitting diode) is wired in series with current-limiting resistor R_1, and the combination is wired across the relay coil.

Normally C_1 is fully discharged. Consequently, when the ignition switch is first closed a surge of current flows through the relay coil via C_1, and the relay turns on. As the relay goes on, contacts *RLA*/1 close and lock the relay on via S_1, and contacts *RLA*/2 close and short out the vehicle's CB points, thus immobilising the engine. Under this condition current flows in the LED via R_1, and the LED illuminates. The relay stays on until S_1 is briefly opened, at which point the relay unlatches and C_1 charges up rapidly via the relay coil, and the relay and the LED turn off. As the relay turns off, the short is removed from the vehicle's CB points, and the engine is able to operate in the normal way.

The relay used in the *Figure 6.6* circuit can be any 12 V type with a coil resistance in the range 120 Ω to 270 Ω, and with two or more sets of n.o. contacts. The LED can be any type with a mean current rating greater than 30 mA. The circuit as shown is for use on vehicles with negative-ground electrical systems. On positive-ground vehicles, reverse the polarities of C_1 and the LED.

Anti-theft alarm circuits

It was shown earlier in this chapter that the most efficient and useful vehicle anti-theft alarms are externally-switched microswitch-activated or voltage-sensing types. These alarms are turned on and off via a concealed toggle-switch or a prominent key-switch fitted to the outside of the vehicle. *Figures 6.7* to *6.10* show practical examples of alarm systems of these types. All these circuits also act as immobilisers, operating the vehicle's horn and lights and immobilising the engine under the 'alarm' condition.

In the *Figure 6.7* to *6.9* circuits, microswitches that are built into the vehicle are used to trip a self-latching relay when any of the car doors, hood or trunk is opened; this relay immobilises the engine and operates the horn and headlights either directly or via additional circuitry. Two suitable front-door microswitches are built into most vehicles as standard fittings, and are used to operate the courtesy or dome lights. Additional switches can easily be fitted to the rear doors. The hood and trunk can be protected by 'auxiliary' microswitches.

The operation of the *Figure 6.7a* circuit is very simple. Normally, with the key-switch open, no voltage is fed to the relay network, so the alarm is off. Suppose, however, that the key-switch is closed. If any of the door switches close, current flows in the relays via D_1; if any of the auxiliary switches close, current flows via D_2. In either case, both relays turn on. As *RLA* goes on, contacts *RLA*/1 close and lock both relays on, and contacts *RLA*/2 close and short out the vehicle's CB points, thus immobilising the vehicle.

Simultaneously contacts *RLB*/1 close and switch on the car horn, giving an audible indication of the intrusion, and contacts *RLB*/2 close and switch on the headlights, giving a visual identification of the violated vehicle. The horn and lights remain on until the key-switch is opened, or until the vehicle's battery runs flat.

The *Figure 6.7a* circuit is for use on negative-ground vehicles. The circuit can be modified for use on positive-ground vehicles by simply reversing the polarities of D_1 and D_2, as shown in *Figure 6.7b*.

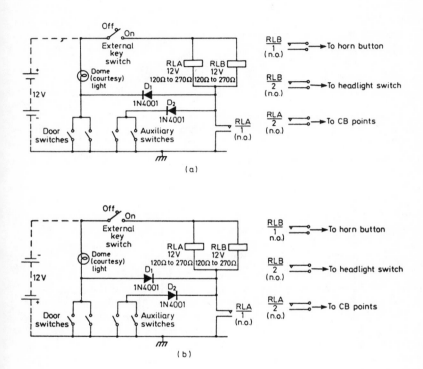

Figure 6.7 Simple microswitch-activated anti-theft alarm/immobiliser, operates horn and lights until switched off or until battery runs flat; (a) negative-ground, (b) positive-ground

A weakness of the simple *Figure 6.7* circuit is that, since car horns and their associated components are not designed to withstand continuous long-period operation, these components may be damaged if the alarm sounds for too long. *Figure 6.8a* shows how the *Figure 6.7a* circuit can be modified so that the horn and lights turn off automatically after four minutes or so, thus minimising the possibility of horn damage.

Here, *RLA* turns on and self-latches in the same way as in the *Figure 6.7a* circuit, and as contacts *RLA/1* close the full battery voltage is applied across the Q_1-Q_2-RLB network. At the moment that power is applied, C_1 is fully discharged and acting like a short-circuit, so the

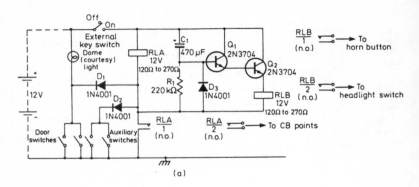

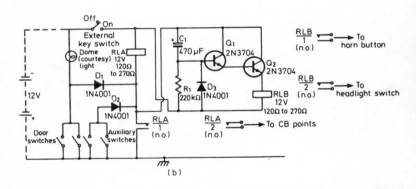

Figure 6.8 Improved microswitch-activated anti-theft alarm/immobiliser, turns horn and lights off automatically after four minutes; (a) negative-ground, (b) positive-ground

base and collector of Q_1 are effectively shorted together. *RLB* is thus immediately turned on via the Q_1-Q_2 Darlington emitter-follower, and the horn and lights operate.

As soon as the power is applied to the circuit, C_1 starts to charge up via R_1, and the voltage across the coil of *RLB* starts to decay exponentially towards zero. After a delay of about four minutes this voltage falls so low that *RLB* and the horn and lights turn off. *RLA* remains on, however, until the system is turned off via the key-switch, so the vehicle remains immobilised via its CB points.

The *Figure 6.8a* circuit is for use on negative-ground vehicles. The circuit can be modified for use on positive-ground vehicles by reversing the polarities of D_1 and D_2, and reversing the supply connections to the *RLB*-driving network, as shown in *Figure 6.8b*.

A minor practical snag with the *Figure 6.8* circuit is that, since it gives a 'monotone' form of horn operation, its owner is unlikely to be

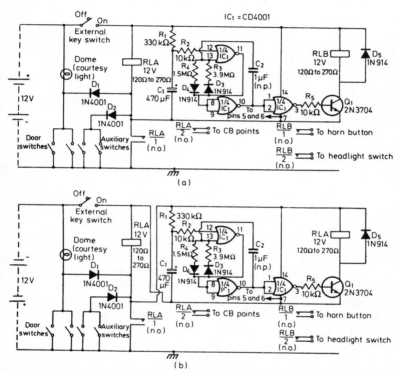

Figure 6.9 Modified microswitch-activated anti-theft alarm/immobiliser, gives distinctive 'pulsed' operation of horn and lights and turns them off automatically after four minutes; (a) negative-ground, (b) positive-ground

able to recognise the sound of his own vehicle, and will tend to check his own vehicle whenever he hears any horn sound off. This snag is overcome in the circuit of *Figure 6.9a*, which pulses the horn and lights on for 4 seconds and off for 1.5 seconds repeatedly for about four minutes under the alarm condition, thus producing a very distinctive warning signal.

The *Figure 6.9a* circuit is similar to that of *Figure 6.8a*, except that RLB is driven by a pulse generator formed from Q_1 and a type CD4001 COS/MOS digital IC. The IC is wired as a buffered-output gated astable multivibrator, with unequal 'on' and 'off' times, and with its gating controlled by time-delay network $R_i - C_1$. The 'on' time of the relay is controlled by $R_3 - D_3$ and approximates 4 seconds; the 'off' time is controlled by $R_4 - D_4$ and approximates 1.5 seconds. Note that C_2 is a non-polarised (n.p.) capacitor. The pulse generator turns on and activates RLB and the horn and lights as soon as RLA turns on, but turns off again automatically after about four minutes via the $R_1 - C_1$ time-delay network.

The *Figure 6.9a* circuit is for use on vehicles fitted with negative-ground systems. The circuit can be modified for use on positive-ground vehicles by reversing the polarities of D_1 and D_2, and reversing the supply connections to the RLB-driving network, as in *Figure 6.9b*.

Finally, *Figure 6.10a* shows the practical circuit of a voltage-sensing type of alarm, which can be used in place of the simple RLA-driving network described in the earlier circuits. Circuit operation relies on the fact that a small but sharp drop occurs in battery voltage whenever a vehicle courtesy light, etc., is turned on. This sudden drop in voltage is detected and made to operate RLA. The system has the advantage that the alarm's pick-up can be attached directly to the vehicle's battery, rather than to a number of microswitches.

The operation of the *Figure 6.10a* circuit is fairly simple. Here, potential divider $R_1 - R_2 - R_3$ is wired across the vehicle's supply lines. The output of this divider is fed directly to the inverting (pin 2) terminal of an open-loop type 741 op-amp, but is taken to the non-inverting (pin 3) terminal via a simple $(R_4 - C_1 - R_5)$ time-delay or memory network. A small 'offset' voltage can be applied between the input terminals of the op-amp via R_6.

Suppose then that the offset control is adjusted so that the voltage of pin 2 is fractionally higher than that of pin 3 under 'steady voltage' conditions, and that under this condition the output of the op-amp is driven to negative saturation. If now a small but abrupt fall occurs in the supply voltage, this fall is transferred immediately to pin 2 of the op-amp, but does not immediately reach pin 3 because of the time-delay or memory action of C_1. Consequently, pin 2 briefly goes negative relative to pin 3, and as it does so the output of the op-amp is driven briefly to positive saturation, thus giving a positive output pulse. This pulse is used to charge C_2 via D_1, and C_2 drives $Q_1 - Q_2$ and the relay on via R_8. As the relay goes on, contacts $RLA/1$ close and cause the relay to self-latch, and contacts $RLA/2$ close and immobilise the vehicle via its CB points.

Note that the above circuit responds only to sudden drops in potential, and is not influenced by absolute values of battery voltage. Thus leaving the car lights, etc., on or off has no influence on the operation of the alarm system.

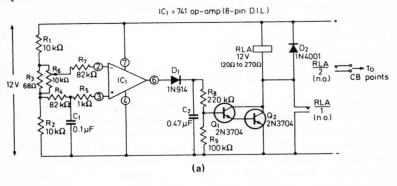

(a)

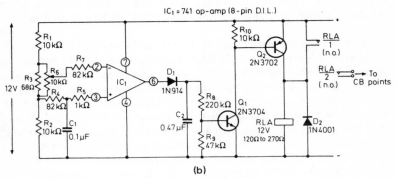

(b)

Figure 6.10 Voltage-sensing alarm circuit, can be used to replace the RLA-driving network in alarm circuits described earlier; (a) negative-ground, (b) positive-ground

The *Figure 6.10a* circuit is intended for use on negative-ground vehicles, and can be used directly in place of the *RLA* network in any of the *Figure 6.7a, 6.8a,* or *6.9a* circuits. The circuit can be modified for use on positive-ground vehicles by using the connections shown in *Figure 6.10b*, and can then be used directly in place of the *RLA* network in any of the *Figure 6.7b, 6.8b,* or *6.9b* circuits.

When installing the *Figure 6.10* circuit in a vehicle, R_6 must be adjusted so that the alarm turns on reliably when a courtesy light goes on, without being excessively sensitive to small shifts in battery voltage. To find the correct R_6 setting, proceed as follows.

First remove the courtesy lamp and replace it with one having half the original current rating. Now adjust R_6 just past the point where the alarm fails to operate when the lamp goes on, and then turn R_6 back a fraction, so that the alarm only just operates via the courtesy light. Finally refit the original courtesy lamp. Reliable operation should then be obtained.

Installing anti-theft alarms

The anti-theft alarms described in this chapter are all designed to be turned on and off via an externally mounted switch. This 'on/off' control can take the form of a carefully concealed toggle switch, or a prominently mounted key-operated switch. In either case, the switch should be mounted so that neither it nor its wiring is vulnerable to damage by weather, road dirt or potential car thieves. If a key-operated switch is used it should be mounted in a prominent position, close to the driver's door, so that it acts as a visual deterrent to potential car thieves.

Once the alarm's master 'on/off' switch has been fitted, the next installation job is to fit suitable microswitches to activate the system. As already mentioned, two suitable switches are already fitted to most vehicles, and are used to operate the dome or courtesy light. It is worth fitting additional switches to the rear doors, and essential to fit them to the trunk and hood if full anti-theft protection is to be obtained. Note that if your vehicle is fitted with a voltage-sensing type of alarm system, these microswitches must be made to switch a lamp or similar kind of current load. The higher the load current used, the more reliable will be the operation of the alarm circuit. The microswitches can all be wired in parallel, and a single load used.

Finally, when the installation is complete, give your system a complete functional check. When conducting this test, try not to annoy your neighbours.

Ice-hazard alarms

Ice-hazard alarms activate when the vehicle's ignition is turned on and the air temperature a little way above the road surface is at or below

0°C. The alarms thus indicate a hazard of meeting ice under actual driving conditions.

Two useful ice-hazard alarm circuits are shown in this section. In each case the circuits act as precision under-temperature alarms, and use a thermistor as a temperature sensor. The thermistor is mounted in the air-flow at the front of the vehicle, a little way above the road surface, and gives a good indication of the actual road temperature. Both circuits are based on designs already presented in Chapter 3.

The first circuit, shown in *Figure 6.11,* gives a relay-output warning of the ice-hazard, and is designed around a type 741 operational

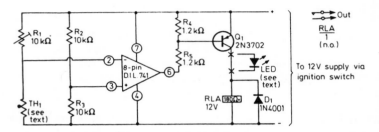

Figure 6.11 Relay-output ice-hazard alarm

amplifier. The design is based on that of *Figure 3.12,* and a full description of the circuit operation is given in Chapter 3. The following additional points should, however, be noted about the *Figure 6.11* circuit.

The relay used in the circuit can be any 12 V type with one or more sets of n.o. contacts and having a coil resistance of 180 Ω or greater. Any type of external alarm-indicator can be activated via the relay contacts.

If required, an LED can be made to activate when the alarm turns on, thus giving a visual indication of the alarm condition. When relays with coil resistances of 300 Ω or greater are used, the LED can be any type with a rating of 40 mA or greater, and can be wired in series with the relay coil as indicated in the circuit diagram. Alternatively, if a coil resistance less than 300 Ω is used, a more sensitive LED can be wired in series with a suitable current-limiting resistor and the combination can be wired in parallel with the relay coil.

The second circuit, shown in *Figure 6.12,* gives an 800 Hz pulsed-output loudspeaker warning of the ice-hazard, and is designed around a

CD4001 COS/MOS IC. The design is based on that of *Figure 3.15a*, and a full description of the circuit operation is given in Chapter 3.

The speaker used in the *Figure 6.12* circuit can have any impedance in the range 3 Ω to 100 Ω, and the value of R_x should be chosen to give a combined series impedance of 100 Ω. If required, an LED with

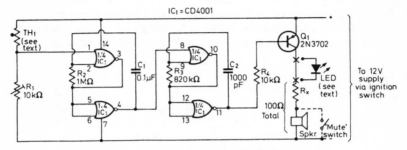

Figure 6.12 800 Hz pulsed-output ice-hazard alarm

a current rating of at least 120 mA peak or 60 mA mean can be wired in series with R_x (as in the diagram) to give a visual indication of the alarm condition. A useful addition to the *Figure 6.12* circuit is a muting switch, to reduce the speaker volume once the alarm call has been noted. The volume can be reduced to zero by wiring the switch directly across the speaker as shown, or can be reduced to a preset level by wiring a limiting resistor (value found by trial and error) in series with the switch.

The power connections of both ice-hazard alarm circuits should be taken to the vehicle's battery via the ignition switch, so that the circuits are automatically energised whenever the vehicle is in use. On vehicles that use an ignition dropper resistor, the connections can be taken to the battery via an ignition-switch-activated relay contact.

The thermistors used in the two circuits can be any negative-temperature-coefficient types that present a resistance in the range 1 kΩ to 10 kΩ at 0°C. Each thermistor must be mounted in a small 'head' that is fixed to the lower front of the vehicle, and connected to the main alarm-unit via twin flex. To make the thermistor head, solder the thermistor to a small tag-board and solder its leads to the twin flex. Coat the whole assembly with waterproof varnish, so that moisture will not affect its apparent resistance, then mount it in a small plastic or metal box and fix it to the lower front of the vehicle. Before fixing the head in place, however, calibrate the alarm system as follows.

Immerse the head in a small container filled with a water and ice mixture. Use a thermometer to measure the temperature of the mixture, and add ice until a steady reading of $0°C$ is obtained. Now adjust R_1 so that the alarm just turns on; raise the temperature slightly, and check that the alarm turns off again. If satisfactory, the head and the alarm system can now be fixed permanently to the vehicle.

Overheat-warning alarms

Each of the ice-hazard alarms of *Figures 6.11* and *6.12* can be modified so that it activates when its thermistor temperature goes above (rather than below) a preset value. In such cases the thermistor can be used as a probe that can be bonded to any fixed part of the vehicle. The circuits can thus be used to warn the driver of overheating in the engine, gearbox, differential, brake drums, etc. Two practical overheat-warning alarm circuits are presented in this section.

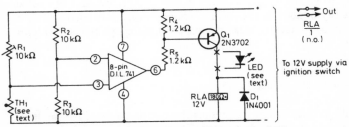

Figure 6.13 Relay-output overheat-warning alarm

The first circuit, shown in *Figure 6.13,* gives a relay-output warning of the overheat condition, and is identical to the *Figure 6.11* ice-hazard alarm, except that the pin 2 and pin 3 input connections of the op-amp are transposed, so that the alarm activates when the temperature goes above (rather than below) a preset value.

The second circuit, shown in *Figure 6.14,* gives an 800 Hz pulsed-output loudspeaker warning of the overheat condition, and is identical to the *Figure 6.12* ice-hazard alarm, except that the positions of R_1 and the thermistor are transposed, so that the alarm activates when the temperature goes above a preset value.

The notes applying to the use of LEDs, muting switches, relay types and thermistor types, etc., in the section on ice-hazard alarms also apply to the two overheat circuits of *Figures 6.13* and *6.14*.

To set up either circuit, raise its thermistor to the desired overheat alarm temperature, and adjust R_1 so that the alarm just turns on. Then

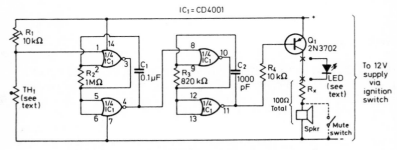

Figure 6.14 800 Hz pulsed-output overheat-warning alarm

reduce the temperature slightly, and check that the alarm turns off again. When the circuit is correctly set up, its thermistor can be permanently bonded to the surface whose temperature is to be monitored (i.e. engine, gearbox, brake drums, etc.), using epoxy resin or 'plastic metal'.

Low-fuel-level alarms

Finally in this chapter we present the circuits of two low-fuel-level alarms, which give relay outputs. These alarms can be used on vehicles fitted with a 12 V electrical system and with a fuel gauge of the type that is actuated via a fuel-tank-mounted potentiometer, in which the voltage developed across the potentiometer is proportional to the fuel level, i.e. the voltage decreases as the fuel level falls. The alarms need a minimum input (from the potentiometer) of 1.5 V for satisfactory operation.

To find out if the alarms are suitable for use in your own vehicle, simple measure the voltage across the tank-mounted potentiometer, or between the 'low' terminal of the fuel gauge and ground: check that a steady voltage reading is obtained, roughly proportional to the fuel level, and greater than 1.5 V under the required low-fuel-level alarm condition.

The circuit of the negative-ground version of the alarm is shown in *Figure 6.15*. Here, Q_1 and Q_2 are wired as a simple differential voltage amplifier, with its output feeding to relay-driving transistor Q_3, and Q_2

and Q_3 are wired together as a regenerative switch, with backlash controlled via R_5 and R_6. One input of the differential amplifier is derived from the fuel gauge via $D_1 - R_1$ and C_1, which form a simple smoothing network and ensure that the Q_1 base voltage corresponds to the mean

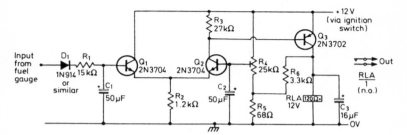

Figure 6.15 Relay-output low-fuel-level alarm, negative-ground

(rather than instantaneous) input voltage. The other input is derived from the 12 V supply line via R_4, which sets a reference voltage on the base of Q_2. C_2 and C_3 ensure that neither the amplifier nor the relay is influenced by supply-line transients or rapid changes in the vehicle's battery voltage.

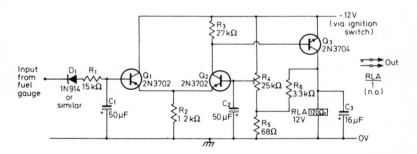

Figure 6.16 Relay-output low-fuel-level alarm, positive-ground

The action of the circuit is such that the relay is normally off, but turns on when the voltage on the base of Q_1 (from the fuel gauge) falls below that of Q_2 (the reference voltage). Once the relay has turned on, the value of the reference voltage is automatically increased via the regenerative action of Q_2 and Q_3. Thus the alarm turns on as soon as the voltage from the fuel-gauge (and thus the fuel level) falls below a preset value, but once it has turned on the relay does not turn off again until the fuel level rises appreciably above the initial trigger level.

Finally, the positive-ground version of the low-fuel-level alarm is shown in *Figure 6.16*. This circuit is identical to that of *Figure 6.15*, except that npn transistors are used in place of pnp types, and vice versa, and the polarities of D_1, C_1, C_2 and C_3 are reversed.

In these two circuits D_1 can be any general-purpose silicon diode, and *RLA* can be any 12 V relay with one or more sets of n.o. contacts and with a coil resistance of 120 Ω or greater. Any type of alarm device can be activated via the n.o. relay contacts.

CHAPTER 7

INSTRUMENTATION ALARM CIRCUITS

Instrumentation alarms can be used to activate a lamp or other visual indicator when a monitored voltage or resistance, etc., goes beyond preset limits. In this final chapter we present a dozen simple but useful instrumentation alarm circuits that can be used to monitor a.c. or d.c. voltages or currents, or resistance. Most of the circuits are designed around an 8-pin d.i.l. type 741 operational amplifier.

All the circuits are designed to give an LED (light-emitting diode) output, thus giving a visual indication of the alarm condition. This LED can be any type having a mean current rating up to 40 mA, and must be wired in series with a current-limiting resistor, shown as R_y in the circuit diagrams. R_y must have its value chosen to match the current rating of the LED to the supply voltages that are used with each circuit. The formula for finding the value of this resistor is

$$R_y = \frac{V_{supply} - 2}{I_{LED}}$$

Thus, if the circuit has a 12 V supply and the LED is a 40 mA (= 0.040 A) type, R_y must be given a value of roughly 250 Ω. Note that if a circuit uses two sets of supplies (such as +9 V and −9 V), V_{supply} must be taken as the difference between the two supply voltages (= 18 V in this example). In the circuits, R_y is shown as having a nominal value of 330 Ω, and this value should be close enough to 'correct' for most practical purposes.

97

D.C. voltage alarm circuits

Figure 7.1 shows the practical circuit of a precision d.c. over-voltage alarm, which works with inputs in excess of 5 V only. Here, the op-amp is used in the open-loop mode as a d.c. voltage comparator, with a zener-derived 5 V reference signal applied to the non-inverting pin of

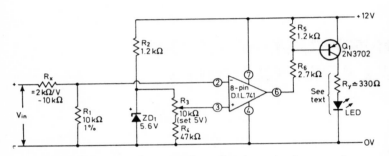

Figure 7.1 Precision d.c. over-voltage alarm, covering 5 V upwards

the op-amp via R_3, and the test voltage applied between the inverting pin and ground. The circuit action is such that the op-amp output is positively saturated, and Q_1 and the LED are off, when the inverting pin voltage is fractionally less than the 5 V reference potential, and Q_1 and the LED go on when the inverting pin voltage is fractionally greater than the 5 V reference potential.

R_x is wired in series between the input test voltage and the 10 kΩ impedance of the inverting pin of the op-amp, and enables the circuit to be ranged so that it triggers at any required voltage in excess of the 5 V reference value. The R_x value for any required trigger voltage is determined on the basis of 2 kΩ/V − 10 kΩ. Thus, for 50 V triggering, R_x = (50 × 2 kΩ) − 10 kΩ = 90 kΩ. For 5 V triggering, R_x must have a value of zero ohms.

The *Figure 7.1* circuit is very sensitive and exhibits negligible backlash. Triggering accuracies of 0.5 per cent can easily be achieved. For maximum accuracy, either the power supply or the zener reference voltage of the circuit should be fully stabilised.

The *Figure 7.1* circuit can be made to function as a precision undervoltage alarm, which turns on when the input voltage falls below a preset level, by transposing the inverting and non-inverting pin connections of the op-amp, as shown in *Figure 7.2*. This circuit also shows how the zener reference supply can be stabilised for high-precision operation.

Note in both of these circuits that, once 5 V has been accurately set via R_3, the final triggering accuracy of each design is determined solely by the accuracies of R_x and R_1. In high-precision applications, therefore, these resistors should be precision wire-wound types.

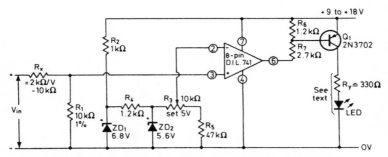

Figure 7.2 Precision d.c. under-voltage alarm, covering 5 V upwards

Figure 7.3 shows how the *Figure 7.1* circuit can be modified for use as an over-voltage alarm covering the range 10 mV to 5 V. In this case the input voltage is connected directly to the inverting terminal of the op-amp, and a variable reference potential is applied to the non-inverting terminal. This reference potential is adjusted to give the same value as

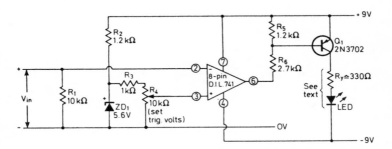

Figure 7.3 Dual-supply precision d.c. over-voltage alarm, covering 10 mV to 5 V

that of the required trigger voltage. The circuit action can be reversed, so that the design acts as an under-voltage alarm, by transposing the input pin connections of the op-amp. Note that the *Figure 7.3* circuit uses two sets of supply lines, to ensure proper biasing of the op-amp.

Figure 7.4 shows how the *Figure 7.3* circuit can be adapted for operation from a single set of supply lines. Here Q_2 and Q_3 are wired as an astable multivibrator or square-wave generator, and the output of this generator is used to provide a negative supply rail for the op-amp via voltage-doubling and smoothing network $D_1 - D_2$ and $C_3 - C_4$. The

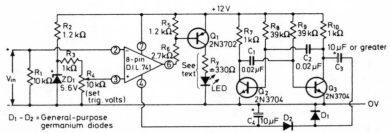

Figure 7.4 Single-rail precision d.c. over-voltage alarm, covering 10 mV to 5 V

doubler gives a negative output of about 9 V when unloaded, but gives only 3–5 volts when connected to pin 4 of the op-amp.

Finally, *Figure 7.5* shows the circuit of a d.c. over-voltage alarm that covers the range 10 mV to 5 V and uses a single floating supply. Here, the op-amp is again used as a d.c. voltage comparator, but its positive

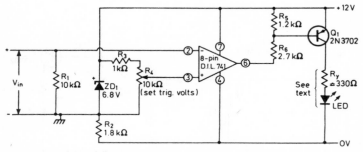

Figure 7.5 Single-supply d.c. over-voltage alarm, covering 10 mV to 5 V

supply rail is set at 6.8 V via the floating supply and zener diode ZD_1, and its negative rail is set at −5.2 V via the ZD_1 and R_2 combination. The monitored input signal is fed to the inverting terminal of the op-amp, and a zener-derived reference potential is fed to the non-inverting terminal via R_3 and R_4. This reference potential can be varied between roughly 10 mV and 5 V, and this is therefore the voltage range covered by the over-voltage alarm.

A.C. voltage alarm circuits

The five voltage-activated alarms shown in *Figures 7.1* to *7.5* are designed for d.c. activation only. All these circuits can be modified for a.c. activation by interposing suitable rectifier/smoothing networks or

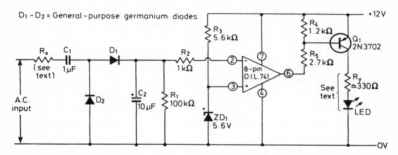

Figure 7.6 Precision a.c. over-voltage alarm, covering 2.5 V upwards

a.c./d.c. converters between their input terminals and the actual a.c. input signals, so that the a.c. signals are converted to d.c. before being applied to the alarm circuits.

Figure 7.6 shows the practical circuit of a precision a.c. over-voltage alarm that is designed to work with sine-wave signals in excess of

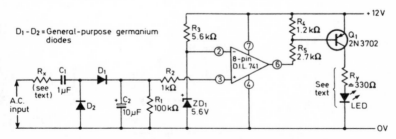

Figure 7.7 Precision a.c. under-voltage alarm, covering 2.5 V upwards

2.5 V r.m.s. Here, the a.c. signal is converted to d.c. via voltage doubling and smoothing network $R_x - C_1 - D_1 - D_2 - C_2 - R_1$, and the resulting d.c. voltage is applied to the inverting input of the op-amp via R_2. A zener-derived 5.6 V reference potential is applied to the non-inverting terminal. The circuit action is such that the alarm turns on when the d.c. voltage on the inverting terminal exceeds 5.6 V.

The action of the above circuit can be reversed, so that it works as an under-voltage alarm, by transposing the input terminal connections of the op-amp, as shown in *Figure 7.7*.

The circuits of *Figures 7.6* and *7.7* both exhibit a basic input impedance, with R_x reduced to zero ohms, of about 15 kΩ, and under this condition a sine wave of about 2.5 V r.m.s. is needed to activate the alarm. Consequently, when R_x is given a finite value it acts as a potential divider with the 15 kΩ input impedance, and enables the circuits to be ranged to trigger at any required a.c. input level in excess of 2.5 V. The R_x value is chosen on a basis of roughly 6 kΩ/V $-$ 15 kΩ. Thus, if an alarm is to be activated at an input signal level of 10 V, R_x must have a value of about 45 kΩ.

If required, the effective sensitivities of the *Figure 7.6* and *7.7* circuits can be increased, so that they trigger at input levels substantially less than 2.5 V r.m.s., simply by feeding the a.c. input signals to the inputs of the alarm circuits via fixed-gain transistor or op-amp preamplifiers.

Current alarm circuits

Each of the five d.c. voltage alarm circuits of *Figures 7.1* to *7.5* can be used as a d.c. current alarm by simply feeding the monitored current to the input of the voltage alarm via a current-to-voltage converter. A suitable converter circuit is shown in *Figure 7.8*.

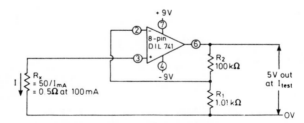

Figure 7.8 D.C. current-to-voltage converter

Here, the op-amp is wired as a non-inverting x 100 voltage amplifier, with gain determined by the ratios of R_1 and R_2. The test current is passed through input resistor R_x, which has its value chosen so that

50 mV is developed across it at the required trigger current, thus giving 5 V output from the op-amp under this condition. The R_X value is selected on the basis of

$$R_X = \frac{50}{I_{mA}}$$

where I_{mA} is the desired trigger current in milliamps. Thus R_X needs a value of 0.5 Ω at trigger levels of 100 mA, or 0.05 Ω at trigger levels of 1 A.

A similar type of converter circuit, using a.c. coupling, can be used to enable the *Figure 7.6* and *7.7* circuits to act as a.c. current alarms.

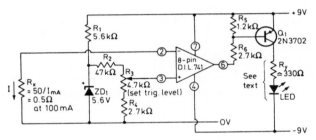

Figure 7.9 D.C. over-current alarm

If required, an op-amp circuit can be built specifically for use as a d.c. current alarm. *Figure 7.9* shows an over-current version of such a circuit. Here, R_X is again used to develop a potential of 50 mV at the desired current level, and this voltage is applied to the inverting pin of the op-amp. A zener-derived reference potential of approximately 50 mV is applied to the non-inverting terminal of the op-amp. This reference voltage can be adjusted over a limited range via R_3, thus providing a limited control of the circuit's sensitivity.

Thus the *Figure 7.9* alarm circuit turns on when the current-derived input voltage exceeds the 50 mV potential of the reference voltage. The action of the circuit can be reversed, so that it acts as an under-current alarm, simply by transposing the connections to the two input terminals of the op-amp. In either case, the value of monitor resistor R_X is chosen on the basis of

$$R_X = \frac{50}{I_{mA}}$$

Resistance alarms

Figure 7.10 shows the practical circuit of a precision under-resistance alarm, which turns on when the value of a monitored resistance falls below a preset value. Here, the op-amp is again used as a voltage

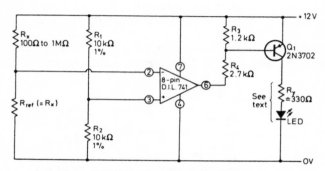

Figure 7.10 Precision under-resistance alarm

comparator, with its output feeding to the LED visual indicator via Q_1, but in this case the voltage to the non-inverting pin of the op-amp is set at half-supply volts via potential divider $R_1 - R_2$, and the voltage on the inverting pin is determined by the ratios of R_x and R_{ref}. In effect, these four resistors are wired as a Wheatstone bridge, and the circuit action is such that the alarm turns on when the value of R_x falls below that of reference resistor R_{ref}, i.e. when the bridge goes out of balance in such a way that the voltage on the inverting terminal rises above that of the non-inverting terminal of the op-amp.

R_x and R_{ref} must have equal values, but can be given any values in the range 100 Ω to 1 MΩ. The minimum resistance value is dictated by the current-driving capability of the circuit's power supply, and the maximum value is restricted by the shunting effect that the input of the op-amp has on the effective value of R_{ref}.

The accuracy of the above circuit is independent of variations in power-supply voltage, and the alarm is capable of responding to changes of less than 0.1 per cent in the value of R_x. The actual accuracy is determined by $R_1 - R_2$ and R_{ref}, and in worst-case terms is equal to the sum of the tolerances of these three resistors, i.e. it equals ±3 per cent if 1 per cent resistors are used.

The action of the above circuit can be reversed, so that it acts as a precision under-resistance alarm, by transposing the input pin connections of the op-amp, as shown in *Figure 7.11*. This circuit also shows

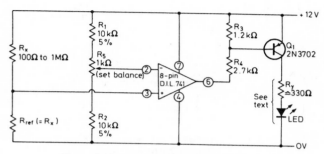

Figure 7.11 Precision over-resistance alarm

how the accuracies of both designs can be improved by adding R_5 'set balance' control to the $R_1 - R_2$ divider chain. This control enables the bridge to be precisely balanced, so that the alarm turns on when the value of R_x varies from the marked value of R_{ref} by only 0.1 per cent or so. In this case the true accuracy of the circuit is equal to the tolerance of R_{ref} plus 0.1 per cent.

An LED flasher circuit

All of the circuits that we have looked at in this final chapter are intended to be built into electronic instruments, and have a simple LED output that is intended to be fitted to the front panel of the instrument and to turn on and illuminate under the alarm condition. Each of these circuits can be modified, if desired, so that the LED flashes on and off rapidly under the alarm condition, thus giving a more attention-catching indication that a fault has occurred. *Figure 7.12* shows the circuit of the LED flasher, together with details of how it can be added to the alarm circuits.

Here, two of the gates of a CD4001 COS/MOS digital IC are wired as a gated 6 Hz astable multivibrator, and the output of this astable is used to drive the LED via R_3 and Q_1. Normally, when the pin 1 terminal of the IC is high, the astable is disabled and the LED is off. When pin 1 goes low, on the other hand, the astable is gated on and pulses the LED on and off at a rate of roughly 6 Hz. The rate can be altered by changing the R_2 value.

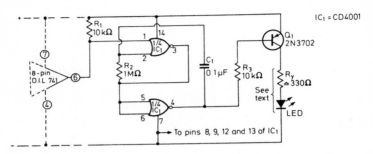

Figure 7.12 Gated 6 Hz LED flasher, can be used in place of LED driver in Figures 7.1 to 7.11

The LED flasher circuit uses the existing power supplies of the alarm circuits, and is used in place of the existing LED driver networks. Pin 1 of the COS/MOS IC is simply connected directly to output pin 6 of the op-amp of the alarm circuit. *Note:* the supply voltage between pins 7 and 14 of the IC must not exceed 18 V.

SEMICONDUCTOR OUTLINES AND PIN DESIGNATIONS

NOTE: In case of difficulty, U.K. readers can obtain all semiconductor devices mentioned in this volume from Arrow Electronics Ltd, 7 Coptfold Road, Brentwood, Essex.

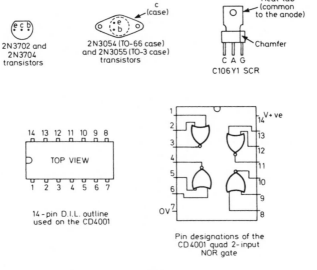

2N3702 and 2N3704 transistors

2N3054 (TO-66 case) and 2N3055 (TO-3 case) transistors

C106Y1 SCR

14-pin D.I.L. outline used on the CD4001

Pin designations of the CD4001 quad 2-input NOR gate

107

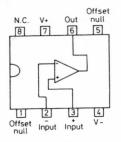

8-pin D.I.L. 741 op-amp
(top view)

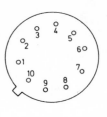

CA3035 pin connections
(TO-5 case)

INDEX